Johannes Gerster

Typen und Mythen

Von Franz-Josef Strauß und Herbert Wehner bis heute

LEINPFAD VERLAG

Einzelne Kapitel dieses Buches sind bereits in Johannes Gersters Buch *Meine Briefe aus Jerusalem* (Ingelheim 2005) und in seiner Autobiografie *Nicht angepasst. Mein Leben zwischen Mainz, Bonn und Jerusalem* (Ingelheim 2010) veröffentlicht worden. Sie wurden von Johannes Gerster überarbeitet und ergänzt.

Umschlag: kosa-design, Ingelheim
Layout: Leinpfad Verlag
Lektorat: Angelika Schulz-Parthu
Druck: wolf print, Ingelheim

Leinpfad Verlag, Leinpfad 5, 55218 Ingelheim,
Tel. 06132/8369, Fax: 896951
E-Mail: info@leinpfadverlag.de
www.leinpfadverlag.com

ISBN 978-3-945782-23-1

Inhalt

Vorwort

Geht es Ihnen wie mir? Mir ist die Politik unserer Tage zu glatt, zu verwechselbar, zu wenig originell.

Dabei haben sich die politischen Strickmuster und Spielregeln nicht geändert. Geändert haben sich die politischen Akteure.

Ich sehne mich nach Typen wie Franz-Josef Strauß oder Herbert Wehner zurück, bei denen die Fetzen flogen, wenn sie die Rostra des alten Bundestages im beschaulichen Bonn betraten. Millionen verfolgten die Debatten im Fernsehen, viele regten sich je nach politischem Standort über den oder jenen fürchterlich auf. Aber die Debatten waren spannend und die Menschen wollten dabei sein.

Heute finden die politischen Debatten in unzähligen Fernseh-Talk-Runden statt. Es sind immer dieselben Leute, die dort oft nur Belangloses plaudern, keiner tut dem anderen weh. Alles erscheint weichgespült.

In meiner Biografie *Nicht angepasst* und in meinen *Briefen aus Jerusalem* habe ich auch Anekdoten über die politischen Größen vergangener Tage erzählt. Beide Bücher sind inzwischen vergriffen. Aber bei meinen Lesungen stelle ich fest, dass das Interesse an unverwechselbaren Typen und ihren Mythen eher zunimmt.

Im Folgenden lasse ich diese Geschichten, die ich ergänzt und erweitert habe, wieder aufleben. Sie zeigen vierzig Jahre Zeitgeschichte zwischen 1972 und 2012 aus Deutschland und Israel.

In einer kritischen Betrachtung am Schluss stelle ich der menschlichen Seite von gestern meine persönliche Auseinandersetzung mit der Politik von heute gegenüber.

Es war früher nicht besser, aber es war anders. Freuen Sie sich auf das Andere. Vielleicht macht es Lust auf mehr Unverwechselbarkeit und Originalität in der Politik dieser Tage:

Denn Politik geht besser.

Johannes Gerster

Mein Aufstand begann mit einer Druckmaschine

Nach meinem ersten juristischen Staatsexamen im Jahre 1967 zog ich von Bonn nach Mainz und wurde ein knappes Jahr später zum Vorsitzenden der CDU Mainz-Innenstadt gewählt. Dass man den Mainz-Heimkehrer sofort in ein politisches Führungsamt wählte, hing mit dem guten Namen meines Vaters zusammen. Dieser hatte nach dem Zweiten Weltkrieg die CDU in Mainz mitgegründet. Bis zu seinem Tod im Jahre 1966 hatte er dem Kreisvorstand als Schatzmeister angehört.

In meinem Stadtbezirk war ich nach kurzer Zeit unumstritten, auf Kreisebene aber allenfalls gelitten. Denn ich kritisierte die Parteiführung, die als Juniorpartner der SPD in die Führung der Stadt eingebunden war, laut und deutlich. Die CDU war mir zu lahm, zu angepasst, zu wenig kämpferisch. Dennoch wurde ich 1970 in den Kreisvorstand gewählt. Man hatte den Vorsitzenden des größten Stadtbezirkes nicht verhindern können, auch wollte man durch Einbindung meine ständige Kritik abfedern und mich zugleich mit Arbeit zudecken. So wurde ich sofort zum Schriftführer bestimmt. Meine bisher vor allem bei Parteitagen vorgetragene Kritik wurde nun im Kreisvorstand vertieft. Die Führung erkannte schnell, dass sie sich mit mir eine Laus in den Pelz gesetzt hatte. So forderte ich über die üblichen Routinebeschlüsse hinaus eine Strategiedebatte und eine inhaltliche Neuorientierung. Raus aus der

SPD-Umklammerung und der inneren Verkrustung – rein in einen programmatischen, modernen Neubeginn! Für die alten Fuhrleute war dies lästig, sie wollten mich möglichst rasch loswerden. Meine Protokolle wurden vom hauptamtlichen Geschäftsführer korrigiert, ja sogar inhaltlich umgeschrieben. Meine Kritik an dieser Anmaßung des Parteiangestellten wurde mit dem Satz gekontert: „Wir alle mussten erst einmal lernen."

Mit meiner Frau war ich rasch einig: Mit unseren Referendargehältern waren wir nicht reich, es langte aber, um uns eine Geha-Druckmaschine, Matrizen und Tusche zu kaufen. Fortan wurden die Protokolle von uns gedruckt und direkt an die Vorstandsmitglieder gesandt.

In der nächsten Vorstandssitzung war der Teufel los. Ich sollte als Schriftführer abgelöst werden. Der Schuss ging jedoch nach hinten los. Der Antrag des Vorsitzenden, mich als Schriftführer abzulösen, wurde mit 6 zu 6 Stimmen abgelehnt.

Der halbe Vorstand war aufgewacht. Meine Auffassung, dass der Vorstand politische Sachverhalte erörtern und beschließen müsse, gewann langsam aber sicher Anhänger. Mit Hilfe meiner Druckmaschine produzierte ich zwei Jahre lang Thesenpapiere für eine moderne, offene CDU, die eifrig in der Partei verteilt, immer mehr Anhänger fanden.

Auf dem nächsten Kreisparteitag wurde nach einer Redeschlacht, die bis nach Mitternacht dauerte, der alte Vorsitzende ab- und ein neuer Vorsitzender in dieses Amt gewählt: der junge Sozialminister von Rheinland-

Pfalz, Heiner Geißler. Für mich war damit klar: Mein Aufstand hatte mit einer Druckmaschine begonnen und mit ihrer Hilfe zur Erneuerung meiner Kreispartei geführt.

Merke:
Ich habe damals nicht verstanden, warum manche ‚Alten' die Jungen wie natürliche Feinde angesehen haben, obwohl ihre Ideen doch einfach besser waren. Heute wären wir froh, wenn wir solche jungen Wilden in den Parteien hätten ...

Wenn man zum Bundestagsabgeordneten ausgerufen wird

Nach meiner großen juristischen Staatsprüfung und einem langweiligen Jahr als Hilfsreferent im rheinland-pfälzischen Innenministerium hatte man mich auf eigenen Wunsch Anfang 1971 zur Kreisverwaltung Mainz-Bingen versetzt. Ich wollte an die Basis.

Dort tanzten die Puppen. Dieser Landkreis war erst zwei Jahre vorher aus den Landkreisen Mainz und Bingen zusammengelegt worden. Das Umtopfen der Bediensteten von Oppenheim und Bingen zum neuen Dienstort Mainz erzeugte Spannungen, außerdem war eine gewaltige Kommunalreform zu bewältigen. So stand die erstmalige Bildung von Verbandsgemeinden an. Dadurch sollten bewährte Ortsbürgermeister Zuständigkeiten, teilweise sogar ihren hauptamtlichen Posten verlieren. Als 30-jähriger Dezernent war ich 60-jährigen Abteilungsleitern übergeordnet und geriet wiederholt in politische Turbulenzen.

Offenbar machte ich meine Sache aber ganz gut, denn nach einer CDU-Veranstaltung in Nieder-Olm fragte mich der dortige CDU-Vorsitzende, Albert Heinermann, ob ich bereit sei, bei den vorgezogenen Bundestagswahlen im verwaisten Wahlkreis Mainz-Bingen zu kandidieren. Beifall der Anwesenden! Meine Antwort war kurz, knapp und beleidigend: „Ihr habt ja nicht alle Tassen im Schrank. Nein!"

Zu dieser Zeit war ich CDU-Vorsitzender im Stadtbezirk Mainz-Innenstadt, getreu der Weisung meines bereits verstorbenen Vaters: „Bub, arbeite in einer demokratischen Partei mit! Eine starke Demokratie braucht starke Parteien. Aber bleib immer unabhängig! Nimm kein bezahltes Amt oder Mandat an!“

Die Sache war für mich erledigt.

Kurze Zeit später begleiteten meine Frau und ich Landrat Heribert Bickel zu einer Weinprobe der CDU in Nackenheim. Wir saßen am Prominententisch, mir gegenüber blieb ein Stuhl frei. Mit einer Stunde Verspätung setzte sich die mir nur aus der Zeitung bekannte Kulturstaatssekretärin Dr. Hanna-Renate Laurien genau auf diesen Platz. Die spätere Kultusministerin von Rheinland-Pfalz, Bildungssenatorin und Präsidentin des Abgeordnetenhauses von Berlin, war zu dieser Zeit die stärkste Persönlichkeit im Landkreis Mainz-Bingen und hatte den Spitznamen Hanna-Granata. So stark und energisch wirkte sie bei dieser ersten Begegnung auch auf mich. Offenbar kannte sie mich besser als ich sie. Denn nach ihrer dritten Probe beugte sie sich zu mir herüber und erklärte laut und bestimmend: „Sie sitzen im nächsten Bundestag!“ Ich war sprachlos und kam mir wie erschlagen vor.

Auf der gemeinsamen Rückfahrt erzählte ich dem Landrat diese merkwürdige Geschichte und fragte, was ich davon halten solle. Die Antwort war kurz und so präzise wie der brillante Jurist Bickel immer redete: „Machen Sie es! Die CDU im Landkreis wird Sie unterstützen."

So kam es. Als der Vorsitzende der Mainzer CDU, Dr. Heiner Geißler, ins gleiche Horn stieß und mir klarmachte: „Wenn du politisch gestalten willst, musst du ein Mandat annehmen.", fiel mein Widerstand. In der Wahlkreisdelegiertenversammlung wurde ich mit 69 zu 39 Stimmen gegen Dr. Walter Konrad als Bundestagskandidat gewählt. Mit 31 Jahren verlor ich zwar im Wahlkreis haushoch gegen den SPD-Kandidaten Hugo Brandt, zog aber über die Landesliste in den Bundestag ein.

Erst viel später erkannte ich, dass die CDU-Größen in Stadt und Landkreis mich als Kandidaten ausgeguckt hatten, weil ich innerparteilich als mehrheitsfähig galt und ein anderer CDU-Mann verhindert werden sollte. Ich war wohl der Einzige, der naiv geglaubt hatte, dass ich nur erwählt wurde, weil ich der Allerbeste sei.

Merke:
Wer A sagt, muss auch B sagen. Wer in der Politik etwas verändern will, muss 100% bringen.

Franz-Josef Strauss machte mich zum Johannes Gerstenmaier

Der Bundestagswahlkampf 1972 wurde je schwerer, je länger er dauerte. Der Geist wehte von links. Bundeskanzler Willy Brandt wurde als Mann des Volkes, als Mann des Ausgleiches zwischen West und Ost, als Mann des Friedens und der Zukunft und sein CDU-Gegenkandidat Rainer Barzel als Mann der Oberschichten und als Mann von Gestern empfunden. Der Slogan „Willy wählen" zog vor allem Frauen und junge Leute mit. Wir kämpften gegen den Strom der Zeit.

Auf der Suche nach prominenten Rednern bat ich Brigitte Wasum um Hilfe. Sie betrieb mit ihrem Mann das Bacharacher Weingut Wilhelm Wasum und wurde Jahre später zweimal zur Bürgermeisterin von Bacharach gewählt. Was für mein Anliegen aber mehr zählte: Sie war die Schwägerin von Franz-Josef Strauß und besorgte mir diesen zwar polarisierenden, aber auch faszinierenden Spitzenredner für Bacharach.

Was dann jedoch passierte, war gigantisch und wurde für mich auch gigantisch peinlich.

Ort der Kundgebung war die Mittelrheinhalle, an die ein Zelt angebaut worden war, zusätzlich wurde die Veranstaltung auf die Straße übertragen. Der halbe Hunsrück war auf den Beinen und die Stimmung aufgeheizt, erwartete man doch durch den Bayern ein Spektakel.

Ich lernte Franz-Josef Strauß zwei Stunden vor der

Kundgebung in der Waagrechten kennen. Er ruhte sich mit Schuh und Strümpfen auf der Couch im Wohnzimmer der Familie Wasum aus. Kurz danach rief die Gastgeberin zu einem kleinen Imbiss, lobte mich dabei über den grünen Klee und fügte an: „Franz-Josef, ich hoffe, du rückst unseren Wahlkreiskandidaten Johannes Gerster bei deinem Auftritt ins richtige Licht!"

Und genau das tat Franz-Josef in seiner fulminanten Rede von zwei Stunden gleich dreimal. Allerdings mit einem kleinen Kunstfehler: Er empfahl der ausgelassenen und tobenden Menge, diesen ausgezeichneten Kandidaten Johannes … Gerstenmaier zu wählen. Ich wäre auf der Bühne am liebsten im Boden versunken. Dabei half mir wenig, dass das Volk beim ersten Mal zuerst lachte und dann johlte und beim zweiten und dritten Mal solidarisch klatschte, ja jubelte. Eugen Gerstenmaier, der bis 1969 volle 14 Jahre Bundestagspräsident gewesen war, stand Strauß natürlich näher als der Neuling Gerster. Dem wäre es jedenfalls lieber gewesen, Franz-Josef hätte an diesem Abend keine Wahlempfehlung für den Wahlkreis Mainz-Bingen abgegeben.

Zum Mythos Strauß zählt auch sein phänomenales Gedächtnis, das Freunde wie Gegner als Elefantengedächtnis bezeichneten.

Mehr als zehn Jahre später steckten er und ich eine dreiviertel Stunde im Aufzug des Langen Eugen, des nach Eugen Gerstenmaier benannten Bonner Abgeordnetenhochhauses, zwischen zwei Etagen fest. Nichts ging mehr, auch ein Paket Knäckebrot als Notverpflegung konnte die Stimmung nicht verbessern. Strauß war ungeduldig und gereizt, wollte er doch unbedingt in eine Sitzung im 23. Obergeschoss, wie ich übrigens auch. Plötzlich sagte er im typischem Strauß-Stakkato: „Mit Gerstenmaier habe ich Sie damals in Bacharach doch geadelt. Jetzt müssen Sie nur noch Bundestagspräsident werden. Vielleicht funktioniert dann auch dieser verdammte Aufzug."

Merke:
Man sollte immer selbstkritisch bleiben und sich nicht im Wahlkampfeifer zum Star hochjubeln lassen, wenn man gar keiner ist.

Der Tabakgegner Heiner Geissler und die Tabakpflanzer

Kaum war Sozial- und Gesundheitsminister Heiner Geißler 1972 als neuer Mainzer CDU-Kreisvorsitzender im Amt, ging ein Ruck durch die bis dahin eher gemächliche Partei. Personell und inhaltlich waren Veränderungen angesagt und wurden auch durchgesetzt. Verbindlich im Ton und hart in der Sache! Die Kampfkandidatur Geißlers gegen den langjährigen Kreisvorsitzenden Heinz Laubach hatte die Partei aufgewühlt und anfangs gespalten und zwar in die Altmainzer und in die Zugezogenen. Erstere waren eher die Beharrenden, letztere mehr die Reformer. Vom Herkommen gehörte ich zu den Mainzern, inhaltlich zählte ich zu den Neuerern.

Geißler gewann rasch die Zustimmung der Parteimitglieder. Im Kreisvorstand hatten die Anhänger des Laubach-Lagers aber die Mehrheit und zwar gegen Geißler. Dieser hatte seinen eigenen Stil und seine eigenen Methoden, um sich zu behaupten. Durch lange Monologe und Diskussionen zermürbte er seine Gegner und setzte seine Pläne unbeugsam durch. Nicht selten dauerten die Vorstandssitzungen bis weit nach Mitternacht, bis der letzte Punkt zu seiner Zufriedenheit erledigt war.

Dabei trat er einerseits bescheiden, andererseits bestimmend auf, wie einer, der immer weiß, was Gottes Wille ist, und dazu berufen ist, diesen auch durchzusetzen. Mir dauerten seine Monologe und damit die Sitzungen viel zu lange. Da ich mit der Politik Geißlers aber einverstanden war, ertrug ich die Marathonsitzungen in christlicher Nächstenliebe, fast bis zur Selbstaufgabe und immer bis zum Ende mit.

In einem Punkt scheiterte Geißler allerdings kläglich. Als er die damals noch übliche Raucherei in diesen überlangen Sitzungen mit Brachialgewalt und mittels eines generellen Rauchverbotes beenden wollte, biss er auf Granit. Hätte er in dieser Sache nicht einen geordneten Rückzug angetreten, der Vorstand hätte ihm mit großer Mehrheit die rote Karte gezeigt.

Das hinderte den Tabakgegner Geißler Jahre später nicht, dem Landesverband rheinland-pfälzischer Tabakpflanzer seine besondere Reverenz zu erweisen. Voll Erstaunen ertappte ich ihn im Festzelt in Speyer, wo er genüsslich an einer Zigarre der Exklusiv-Marke „Pfalz-Zigarre“ zog und dabei glücklich in die Runde blickte. Selbst bei einem sonst so konsequenten Mann heiligt der Zweck offenbar schon mal die Mittel. Nicht nur wegen der Tabakpflanzer wurde Geißler im Wahlkreis Südliche Weinstraße immer wieder mit großer Mehrheit direkt in den Bundestag gewählt.

Merke:

1. Auch konsequente Hardliner springen über ihren Schatten, um Erfolg zu haben.

2. Der eigene Rauch stinkt nicht.

Nicht nur Peter Lorenz wurde entführt

Not und Elend des Zweiten Weltkrieges und die Hungerjahre danach brachten unverwechselbare Originale und eigenwillige Persönlichkeiten hervor. Zu ihnen zählte Johann Peter Josten aus Oberwesel. Als Soldat war er beim Russlandfeldzug im Zweiten Weltkrieg schwer verwundet worden. Dies hinderte ihn nicht, sich nach seiner Wiederherstellung zum Schreinermeister und Tischler ausbilden zu lassen.

Peter Josten war ein von christlichen Grundsätzen geprägter, ehrlicher und fleißiger Abgeordneter und zugleich ein Schlitzohr sondergleichen. Oberwesel blieb der sechsfache Familienvater immer treu, er verstarb dort 2011 im Alter von 96 Jahren.

Ab 1947 gehörte er dem Landtag von Rheinland-Pfalz und von 1953 bis 1980 dem Deutschen Bundestag an. Er wurde siebenmal im Wahlkreis Ahrweiler/Mayen direkt gewählt, obwohl er dort zu keinem Zeitpunkt gewohnt hatte. Als seine Zeit im Bundestag zu Ende ging, wurde er sofort zum Bürgermeister gewählt, natürlich in Oberwesel.

Um die Frage, wie dieser Überlebenskünstler es schaffte, immer wieder als Kandidat aufgestellt zu werden, ranken sich viele Geschichten. So erklärte er vor einer Wahl, als seine Parteifreunde nach neuen Kandidaten Ausschau hielten, er werde jetzt zum letzten Mal kandidieren. Also stellte man ihn noch einmal auf.

Warum sollte man einen so verdienten Mann in einer Kampfkandidatur abwählen, wenn er in vier Jahren kampflos das Feld räumen würde?

Ab der Mitte der Wahlperiode zeigte er dann ein ärztliches Attest herum und erklärte, er sei jetzt gesünder als vor zwei Jahren und müsse deshalb noch einmal kandidieren. Zusätzlich half er mit, dass sich ein halbes Duzend Parteifreunde für das Mandat interessierten. Genüsslich verfolgte er deren Wettlauf um die Gunst der Partei. Das Ende vom Lied: Plötzlich fand die Mehrheit, dass keiner besser sei als der bewährte Josten und stellte ihn wieder auf.

In seinen letzten Wahlperioden, als Mandat und Bonner Parlamentsbetrieb längst Routine für ihn waren, packte ihn, den Bodenständigen, das Reisefieber. Als stellvertretendes Mitglied des Entwicklungshilfeausschusses sprang er häufig ein, wenn ein Kollege ausfiel. Schließlich hatte er es nicht weit zum Köln/Bonner Flughafen.

Aber auch in der weiten Welt vergaß er die Interessen seiner Heimat nie. So empfahl er dem hochbetagten indischen Staatspräsidenten, aus gesundheitlichen Gründen Rotwein von der Ahr zu trinken. Der Staatspräsident verdeutlichte Josten, dass auf der Entwicklungsliste seines Landes technische Produkte vor dem Wein rangierten. Außerdem würde er jeden Morgen ein Gläschen seines eigenen Urins trinken, was gesünder als Alkohol sei. Josten ließ sich dadurch nicht entmutigen. Zurück in Bonn warb er für Winzertage in Indien.

Josten verblüffte aber nicht nur fremde Staatsmänner. 1975 wurde der Vorsitzende der Berliner CDU, Peter Lorenz, von der Roten Armee Fraktion (RAF) entführt. Die CDU/CSU-Fraktion trat zu einer Sondersitzung zusammen. Nach der Rede des Fraktionsvorsitzenden Helmut Kohl waren die Abgeordneten in einem schockähnlichen Zustand. Nur Johann Peter Josten nicht. Er erklärte den sprachlosen Kollegen: „Auch vor Gotteshäusern machen die Verbrecher keinen Halt. In der letzten Nacht sind aus der Liebfrauenkirche in Oberwesel 32 wertvolle Altarfiguren entführt worden. Liebe Kollegen, haltet die Augen offen und informiert mich sofort, wenn ihr diese Figuren irgendwo entdeckt. Sie müssen in die Kirche zurück!“

Die meisten gestohlenen Heiligenfiguren fanden tatsächlich auf ihren Platz in der Liebfrauenkirche in Oberwesel zurück. Ob der Aufruf Jostens hierfür verantwortlich war? Wohl kaum. Kein Zweifel besteht aber, dass dieser Schreinermeister in seinem langen Berufs- und Politikerleben ein harter und glaubwürdiger Arbeiter und Kämpfer für das Gemeinwohl war.

Merke:

1. Die Politik muss nicht zwangsläufig Originalität und Bodenhaftung einzelner zerstören.

2. Sie braucht mehr eigenständige Typen und weniger glattgebügelte Mitläufer.

Streit mit Helmut Kohl über die Verjährung

1972 hatte die CDU/CSU die Bundestagswahlen haushoch verloren. Ich war über die CDU-Landesliste Rheinland-Pfalz gewählt worden. 1976 feierte die Union einen grandiosen Wahlsieg und ich flog aus dem Hohen Haus raus. Im Wahlkreis fehlten nur 319 Stimmen. Da die CDU die meisten Wahlkreise in Rheinland-Pfalz gewonnen hatte, reichte mein Listenplatz nicht aus, ich landete wieder im Innenministerium.

Ein dreiviertel Jahr später, nach der Sommerpause 1977, war ich wieder im Bundestag. Heiner Geißler hatte als neuer CDU-Generalsekretär das rheinland-pfälzische Kabinett verlassen. Georg Gölter wurde dort sein Nachfolger und gab sein Bundestagsmandat auf. Ich rückte für ihn ins Bonner Parlament nach.

Die Fraktionssitzungen der CDU/CSU fanden im Reichstag in Berlin statt. Zahlreiche Kollegen aus der letzten Wahlperiode begrüßten mein Wiederauftauchen mit freudigem Hallo. Der noch neue Fraktionsvorsitzende Helmut Kohl übersah mich.

Das sollte sich rasch ändern. In seinem politischen Bericht kritisierte er scharf den SPD-Fraktionsvorsitzenden Herbert Wehner, weil dieser in der Sommerpause in Israel die Aufhebung der Verjährungsfrist bei Mord öffentlich angekündigt hatte.

Bereits zweimal war die Verjährung wegen der NS-Verbrechen nach langen und mühsamen Debatten verlängert worden. Deren Frist würde im Jahre 1979 endgültig auslaufen. Dass Herbert Wehner ausgerechnet aus Israel die Fraktionen des Bundestages in dieser sensiblen Frage unter Druck gesetzt hatte, empörte nicht nur den vor allem in der CSU umstrittenen Kohl. Seine Absicht: Die Empörung über Wehner sollte ausgenutzt werden, um das Nein zur Aufhebung der Verjährung handstreichartig durchzusetzen. Denn nur mit den Stimmen der Union würde die erforderliche Mehrheit im Bundestag erreicht werden.

Ich hatte mir meinen Neueinstieg in die Fraktion anders vorgestellt, meldete mich in dieser aufgeheizten Stimmung zu Wort und widersprach Kohl kräftig. Zwar sei ich über Wehners Alleingang genauso empört, das dürfe aber nicht zu trotzigen Fehlentscheidungen verleiten. Noch liefen zu viele KZ-Schergen ungestraft herum. Ob man sie drei Jahrzehnte nach ihren Verbrechen noch rechtsstaatlich überführen könne, müsse die Justiz im Einzelfall entscheiden. Das Parlament dürfe jedenfalls den Deckel über noch anstehende Strafverfahren gegen NS-Verbrecher nicht generell zumachen. Deshalb würde ich für die Aufhebung der Verjährung bei Mord stimmen – Unruhe im Saal – keine einzige Hand rührte sich zum Beifall! Kohl blockte eine Debatte über diesen unangenehmen Widerspruch seines rheinland-pfälzischen Landsmannes mit dem Hinweis ab, die Fraktion werde heute in der Sache nicht entscheiden. Ich selbst war zwar wieder da, fühlte mich aber irgendwie ausgegrenzt.

Natürlich bemühte ich mich noch am gleichen Tag um

den fälligen Antrittsbesuch als neu-alter MdB beim neuen Fraktionsvorsitzenden Kohl. Einen Termin bekam ich nicht. Dafür setzten die engsten Freunde Kohls, die sich jede Sitzungswoche trafen, um die Vorhaben des Vorsitzenden in der Fraktion zu unterstützen, eine Maschinerie in Gang, die einem Ziel diente: den aufsässigen Gerster auf Linie zu bringen. Man appellierte an meine rheinland-pfälzische Solidarität zu Kohl, man bat, ihn nicht in neue Schwierigkeiten mit Strauß und der CSU zu treiben, man erklärte, ich müsse Kohl doch dankbar sein, denn ohne ihn wäre ich gar nicht im Bundestag – was mir neu war – und man drohte, als Abweichler hätte ich keine Chance, nochmals in den Bundestag zu kommen. Dann läge meine politische Zukunft hinter mir.

Einige Wochen ließ ich diese Spielchen mit mir machen. In dieser Zeit hatte ich viel Zeit. Denn die Fraktionsführung machte keinerlei Anstalten, mir eine Mitgliedschaft in einem Fach- oder Untersuchungsausschuss oder in einer Enquetekommission zu verschaffen. Und wer sich im Bundestag weder in der Fraktionsführung noch in Ausschüssen einbringen kann, ist eine Null. Darum schrieb ich Kohl einen kurzen, klaren Brief: Ich würde in jedem Fall mit der SPD für die Aufhebung der Verjährung stimmen und dafür Verbündete in der Fraktion suchen.

Wenn die Pressionen mir gegenüber nicht aufhörten, würde ich nach der Abstimmung über die Verjährung die CDU und den Bundestag verlassen. Aus der Partei würde ich ausscheiden, weil dieses Unter-Druck-setzen mehr zu einer kommunistischen Kaderpartei, nicht aber zu einer christlich demokratischen Partei passe. Aus dem Bundestag würde ich ausscheiden, weil ich ein unter CDU-Flagge errungenes Mandat nicht einer anderen Partei zukommen lassen werde.

Den Brief hatte ich im Vorzimmer Kohls abgegeben. Als ich in meinem Büro im Langen Eugen ankam, hatte die Sekretärin von Kohl bereits angerufen, ich solle bitte bei Kohl vorbeikommen. Das Gespräch dauerte relativ lang. Danach war der Druck weg. In der nächsten Woche wurde ich Mitglied des so wichtigen Haushaltsausschusses und der Enquetekommission „Frau und Gesellschaft". Ich bekam Arbeit in Hülle und Fülle und gewann Fraktionsmitglieder, die plötzlich mit mir gegen die Verjährung bei Mord stimmen wollten.

Diese wurde am 3. Juli 1978 mit 255 Ja-Stimmen gegen 222 Nein-Stimmen aufgehoben. Die SPD hatte geschlossen für die Aufhebung der Verjährung gestimmt, die FDP hatte 50:50 votiert und 40 CDU/CSU-Abgeordnete hatten ebenfalls für die Aufhebung gestimmt und dadurch die Mehrheit hergestellt.

Helmut Kohl gestand mir 20 Jahre später im King David Hotel in Jerusalem, er habe sich damals sehr über meine Sturheit geärgert, heute jedoch wisse er, dass die Aufhebung der Mordverjährung richtig gewesen sei.

Merke:
Der Abgeordnete muss bei Grundsatzfragen seinem Gewissen folgen und darf keinerlei Fraktionszwang akzeptieren.

Herbert Wehner

Zu den imposantesten Figuren der deutschen Politik zählte über Jahrzehnte der SPD-Fraktionsvorsitzende Herbert Wehner. Er war der Zuchtmeister der SPD, für deren Zusammenhalt unverzichtbar, von wenigen geliebt, von vielen gefürchtet, aber von allen geachtet.

Ich setzte mich in meiner ersten Wahlperiode gerne auf den Platz des Altkanzlers Ludwig Erhard, der selten im Plenum erschien. Man musste nur lange vor Sitzungsbeginn dessen Platz in der ersten Reihe ergattern und durfte keine schwache Blase haben, dann saß man den ganzen Vormittag im Blick der Fernsehkameras, gewissermaßen an der Sonne. Ich hoffte, dass mich viele im Wahlkreis dort in der ersten Reihe sahen und für wichtiger hielten, als ich Anfänger es in Wirklichkeit war.

Daneben begannen die Plätze der SPD-Fraktion und dort saß neben dem späteren Bundesarbeitsminister Herbert Ehrenberg der mächtige SPD-Fraktionsvorsitzende Herbert Wehner. Dieser grandiose Redner trug damals noch anhand seiner penibel vorbereiteten Manuskripte vor. Von meinem Lieblingsplatz konnte ich unschwer auf sein Redemanuskript blicken und dort drei Spalten erkennen: In der rechten Spalte seine Rede mit eingebauten Provokationen, in der mittleren Spalte denkbare Zwischenrufe und in der linken Spalte seine vorausgedachten Reaktionen. Alles war vorgeplant und inszeniert, auch seine Wutausbrüche. Seine Wortschöpfungen und Schimpfworte waren unterirdisch. „Düffeldoffel“ für Helmut Kohl, „Übelkrähe“ für den Berliner Kollegen Jürgen Wohlrabe und „Hodentöter“ für Jürgen Todenhöfer. Ich kam mit so harmlosen Wehner-Würdigungen wie „Flegel“ oder „Lümmel“ davon.

Natürlich gab es eine feste Sitzordnung im Bundestag. Jeder Platz war durch ein Namensschild ausgewiesen. Die ersten Reihen waren den Vorständen der Fraktionen vorbehalten. Danach konnte man in der CDU/CSU-Bundestagsfraktion, wo man in der ersten Wahlperiode hinten anfing, in jeder weiteren Periode nach vorn rücken. In der SPD-Fraktion bestimmte das Alphabet die Rangfolge für alle Zeiten.

Deshalb bat der SPD-Abgeordnete Franz-Josef Zebisch, ein Glas-Obersortierer aus der Oberpfalz, seinen Fraktionsvorsitzenden Wehner um eine persönliche Aussprache, die großzügig gewährt wurde. Onkel Herbert, wie er liebevoll genannt wurde, saß an seinem Schreibtisch und zog an seiner Pfeife.

„Was führt dich zu mir, Genosse Franz-Josef?“

„Genosse Herbert, letzte Woche war eine Besuchergruppe aus meinem Wahlkreis in Bonn. Nachdem sie in der Sitzordnung des Bundestages gesehen hatte, dass ich immer noch in der letzten Reihe sitze, sagte einer: Du bist ja immer noch ein Hinterbänkler. Genosse Herbert, kann man mich in meiner dritten Wahlperiode etwas weiter vorne platzieren?“

Herbert Wehner zog tief an seiner Pfeife, bevor sich der Vulkan im Wehner-typischen Stakkato entlud:

„Genosse Franz-Josef – Pause – wenn du wieder auf die Welt kommst – Pause – lass' dich Arschloch nennen – Pause – dann sitzt du vorne!"

Genosse Franz Josef beendete wie ein geprügelter Hund das Gespräch und erzählte dieses nachhaltige Erlebnis über Jahre in ganz Bonn. Auch in der nächsten Wahlperiode saß er im Plenum des Bundestages in der letzten Reihe.

Herbert Wehner konnte auch anders. Als ich bei der Bundestagswahl 1976 aus dem Bundestag herausflog und nach einem dreiviertel Jahr wieder hineinrutschte, war Herbert Wehner jeweils einer der ersten, der dem „Flegel" Gerster zunächst schriftlich Trost zusprach und später zum Wiedereinzug sehr herzlich gratulierte. Ich glaube, er mochte Rabauken lieber als Duckmäuser.

Merke:

1. Zum Mythos Wehner gehörte, dass er wie kein anderer explodieren konnte. In Wahrheit jedoch war vieles Teil eines hart erarbeiteten Regiebuches.

2. Hinter Wehners harter Schale steckte ein weicher Kern.

Die Queen und mein irischer Frontkämpferorden

Der 23. Mai 1978 ging in die Geschichte der Landeshauptstadt Mainz ein. Königin Elisabeth II. von Großbritannien besuchte mit Prinz Philipp Mainz. Der populäre Oberbürgermeister Jockel Fuchs war in Höchstform: So ein hoher Gast, so viele Kameras, Mikrofone und Vertreter der schreibenden Zunft.

Natürlich sah die Queen mit ihrer Entourage nach dem Dom auch das Weltmuseum der Druckkunst, das Gutenbergmuseum. Nach Rundgang, Gutenbergbibel und Reverenz gegenüber dem Erfinder der Druckkunst drückte Jockel aufs Tempo. Zum Entsetzen der englischen, deutschen und Mainzer Protokollbeamten schob er völlig respektlos die Königin an der Schulter in Richtung Treppe, verhedderte sich noch mit der oberbürgermeisterlichen Amtskette an ihrem Ärmel, um in perfektem Mainz-Englisch gut vernehmbar zu sagen: „Matschestie and now we go nunner in the Druckerwerkstatt!" Die Königin war so beeindruckt, dass sie sich widerspruchslos den leicht handgreiflich unterstrichenen Anweisungen des ersten Bürgers der Stadt fügte, um zu erfahren, wie der Druckerfürst seine 42-zeilige Bibel mit beweglichen Lettern gedruckt hatte. Eine Seite dieser Bibel und das kleinste Buch der Welt durfte sie als Gastgeschenk aus dem Museum mitnehmen.

Abends hatte Ministerpräsident Bernhard Vogel zu einem festlichen Dinner zu Ehren des britischen Königspaares in die Staatskanzlei eingeladen. Ich war als Vertreter der rheinland-pfälzischen Bundestagsabgeordneten mit Ehefrau auch gebeten.

Die Einladung empfand ich besonders herausfordernd, war doch als Garderobe für das männliche Geschlecht angewiesen: Uniform oder Smoking mit Orden. Also montierte ich mangels staatlicher Ehrenzeichen den schönsten Fastnachtsorden, den ich damals aus dem alemannischen Raum besaß, an die linke, untere Seite meines Smokings. Dieser Orden hatte zwei Vorteile: Er war schöner und größer als jeder staatliche Orden und ich durfte davon ausgehen, dass keiner dieses Prachtstück kennen würde. Man fragt sich bei offiziellen Anlässen ohnehin, warum so viele, vor allem Männer, das gleiche Bundesverdienstkreuz tragen, obwohl ein Namensschild viel hilfreicher wäre.

Meine Frau kam unerwartet in unser Schlafzimmer, sah mich an dem von ihr liebevoll aufgehängten Smoking herumfingern und fragte, was ich da anstellen würde. Statt einer Antwort zeigte ich ihr stolz meinen kunstvoll geschmückten Smoking. Sie sah mich entgeistert an und sagte nur kurz: „Bist du jetzt ganz übergeschnappt, mach das Ding ab." Mein Hinweis auf die vorgeschriebene Kleiderordnung „mit Orden", mein Bitten und Betteln half nichts. Stattdessen fragte sie schon leicht genervt: „Was sagst du denn, wenn du gefragt wirst, was da für ein Ding an dir rumhängt?" Meine gereizte Antwort: „Bei mir hängt nichts rum. Das ist dann eben der „irische Frontkämpferorden", beruhigte sie in keinerlei Weise. Sie erklärte, dass sie zu Hause bliebe würde, wenn ich das Ding nicht abmachte. Also entschied ich gegen das Ding und für die Ehefrau und durfte mich ohne Orden in der Staatskanzlei im Schatten bedeutender Ordensträger fast nackt fühlen.

Das Elend dieses glanzvollen Tages war für mich noch nicht vorbei. Alle 60 Gäste wurden dem königlichen Paar einzeln vorgestellt, ich als Mainzer Bundestagsabgeordneter und Vorsitzender der rheinland-pfälzischen CDU-Abgeordneten, der ich damals noch nicht war. Die freundlich lächelnde Queen fragte mich, den mit Latein und Griechisch humanistisch Gebildeten, welcher der englischen Sprache bis dahin immer erfolgreich ausgewichen war, wie lange ich dem Bundestag angehören würde. Diese gehaltvolle Frage hatte ich gerade noch verstanden. In meiner Not fiel mir gottlob das Werbeplakat „seven up" ein. Also antwortete ich völlig verunsichert: „seven years" und mein Gespräch mit der Königin war zu meiner großen Erleichterung schon vorbei. Fast wäre ich auf glattem Parkett ausgerutscht. Für mich war klar: Mit dem irischen Frontkämpferorden an der Brust wäre mir das nicht passiert. Ich hätte dem nebenstehenden, perfekt deutsch sprechenden Prinzen Philipp garantiert die richtige Zahl sechs und zwar sehr selbstbewusst auf Deutsch gesagt.

Merke:
Stecke männliche Eitelkeit zurück, folge deiner Frau und du fährst gut. Manchmal jedoch muss ein bisschen Orden sein ...

Der Bundestagspräsident rächte sich mit einem Ordnungsruf

Legendär ist der Rauswurf des späteren Außenministers Joseph (Joschka) Fischer am 18. 0ktober 1984 aus dem Bundestag. Nach dem Ausschluss des Grünen-Abgeordneten Jürgen Reentz durch den amtierenden Bundestagspräsidenten Richard Stücklen hatte Fischer gerufen: „Mit Verlaub, Herr Präsident, Sie sind ein Arschloch.“ Drei Sitzungen des Bundestages musste Fischer daraufhin von draußen verfolgen. In der Tat kann der jeweils amtierende Präsident einen Abgeordneten für die laufende Bundestagssitzung oder auch für weitere Sitzungen ausschließen, wenn dieser die Ordnung gröblich verletzt. Die Vorstufe sind normale Ordnungsrufe, wenn ein Abgeordneter die Ordnung (nicht gröblich) verletzt. Im Schulbetrieb würde man sagen, wenn ein Schüler den Unterricht stört.

Dass man vom amtierenden Bundestagspräsidenten auch ohne jede Verletzung der Ordnung einen „Ordnungsruf“ einfangen kann, erfuhr ich 1979, am Freitag vor der Weihnachtspause.

Am Vorabend hatten die Bundestagsvizepräsidenten Annemarie Renger (SPD), Richard Stücklen (CDU/CSU), Dr. Hermann Schmitt-Vockenhausen (SPD) und Lieselotte Funcke (FDP) einen zünftigen Skat gedroschen. Man spielte wie einige Male im Jahr um Pfennige, konnte Gewinne und Verluste durch „contra“ und „re“ usw. aber deutlich in die Höhe treiben. Ort des Geschehens war die Parlamentarische Gesellschaft, eine Art Clubhaus für Abgeordnete des Bundestages und deren persönliche Gäste. Auch ich saß an diesem Abend mit Kollegen aus der Innenpolitik dort zusammen. Nachdem Frau Funcke die Skatrunde im Nachbarraum vorzeitig verlassen hatte, wurde ich zum Auffüllen der Viererrunde hinzugebeten. Was sollte ich machen? Ich fühlte mich geehrt, durfte ich doch als relativ junger Abgeordneter in dieser Runde von Respektpersonen gleichberechtigt mitspielen.

Die Herrschaften spielten scharf und geizten nicht mit Risikoeinsätzen. Offenbar beflügelte die Vorweihnachtsfreude nicht nur mich. Und ich hatte einen goldenen Tag erwischt. Am Ende hatte ich den höchsten Betrag, den ich je bei einem Skatspiel gewonnen habe, verbucht: Knapp 150 Mark! Diese gingen fast zu 100% zu Lasten von Richard Stücklen, während Frau Renger und Herr Dr. Schmitt-Vockenhausen Kleingeld gewonnen oder verloren hatten.

Stücklen war vor der Abrechnung bereits auf den Sprung zur Toilette, wurde von den anderen Vizepräsidenten aber robust gebremst: „Erst bar oder Scheck auf den Tisch!“ Mürrisch wartete er die Abrechnung ab, zahlte unfreundlich und verschwand mit einem kurzen Gruß. Annemarie Renger, mit der ich eng in der deutsch-israelischen Parlamentariergruppe zusammenarbeitete, klärte mich auf: „Richard verschwindet bei erkennbaren Verlusten gerne vor Begleichung der Spielschuld, die am nächsten Tag nicht mehr eingefordert wird.“

Die Quittung kam am folgenden Vormittag im Plenarsaal des Bundestages. Zu einer namentlichen Abstimmung stürmten viele Abgeordnete, die den letzten Bonner Arbeitstag des Jahres genutzt hatten, um ihr Büro aufzuräumen, in den zuvor spärlich besetzten Saal und verursachten so viel Unruhe, dass der Redner kaum zu verstehen war. Nach erfolglosen Aufforderungen des amtierenden Präsidenten Richard Stücklen, dem Redner mehr Gehör zu schenken, rief er ins Mikrofon: „Ich erteile dem Abgeordneten Gerster (Mainz) einen Ordnungsruf." Ich war platt, denn einen Grund für diesen Ordnungsruf hatte ich nicht geliefert. Er war die späte Rache des Skatspielverlierers vom Vorabend. Es war keinesfalls mein letzter, aber der einzige unverdiente Ordnungsruf in 22 Bonner Parlamentsjahren. An der Freundschaft Stücklen/Gerster änderte dieser Vorgang nichts. In die Runde der Skat spielenden Vizepräsidenten wurde ich aber nicht mehr eingeladen.

Merke:

1. Selbst im Hohen Haus wird von den Großen bei kleinen Dingen geschummelt und mit kleiner Münze zurückgezahlt.
2. Man stelle sich vor, Politiker hätten keine Schwächen.

Für Helmut Schmidt in Israel

Mit Bundeskanzler Helmut Schmidt verband mich nichts. Ich war ihm nicht wichtig genug und er war mir zu arrogant. Wie er den Oppositionsführer im Bundestag verächtlich mit „Herr Kohl“ anredete, passte nicht in das Bild, das ich mir von ihm als einem liberalen und toleranten Hamburger gemacht hatte.

Dass ich mich näher mit ihm beschäftigen sollte, hatte mit Israel zu tun. 1977 war erstmals ein Politiker des Likud, der frühere Hauptrivale David Ben Gurions, Menachim Begin, zum Premierminister gewählt worden. Dieser hatte gleich zu Beginn seiner Amtszeit den seit 1974 amtierenden Bundeskanzler Helmut Schmidt in übelster Weise angegriffen. So hatte er ihn unter anderem als ehemaligen Nazi-Leutnant diffamiert. In Deutschland brach Empörung aus. In Israel verteidigte kaum jemand den deutschen Kanzler und Begin wiederholte seine Schmidt-Beschimpfung.

Annemarie Renger, die Vorsitzende der deutsch-israelischen Parlamentariergruppe, fragte mich, ihren Stellvertreter in diesem Amt, ob ich nach Israel fliegen könne, um unseren Partnern in Regierung und Parlament deutlich zu machen, wie verheerend diese unhaltbaren Beschuldigungen für die noch sehr empfindlichen deutsch-israelischen Beziehungen seien. Ob unsere Freunde in Israel nicht mäßigend auf Begin einwirken könnten, damit dieser seine Angriffe einstelle. Frau Renger glaubte, mein Eintreten für Schmidt könne bei den rechten Likud-Vertretern mehr bewirken als ihre Fürsprache als Sozialdemokratin und Parteifreundin von Schmidt.

Natürlich flog ich nach Israel, weniger wegen Schmidt und mehr wegen der deutsch-israelischen Beziehungen. In drei Tagen traf ich, von Freunden organisiert, zwei Dutzend Politiker und Beamte aus Regierung und Parlament, denen ich erklärte: „Weder waren alle Deutschen Soldaten der Reichswehr noch Helmut Schmidt Nazi. Derartige ungerechte Beschuldigungen treffen in Deutschland auf kein Verständnis." Dies gefiel nicht allen. Offenbar imponierte den Israelis aber, dass ein Oppositionspolitiker den Kanzler im Ausland in Schutz nahm, ja ihn energisch verteidigte. Interview-Anfragen der israelischen Presse und von deutschen Pressevertretern in Israel, die Wind von meiner Mission bekommen hatten, wehrte ich ab. Dafür kam es zu meiner Überraschung am dritten Tag in der Knesset zu einer kurzen Begegnung mit Begin. Freunde, unter anderem der Bürgermeister von Jerusalem, Teddy Kollek, hatten diskret Regie geführt. Begin wusste, dass ihm da ein junger, engagierter Freund Israels gegenüberstand. Er reagierte staatsmännisch gelassen, als ich nach einigen Höflichkeitsfloskeln zur Sache kam und mein Anliegen vortrug: „Schmidt war kein Nazi und hat diese Behandlung nicht verdient." Er reagierte nicht gerade freundlich, aber auch nicht unfreundlich und ging auf die Sache nicht ein. Vielmehr dankte er mir für mein Engagement für Israel sowie für meinen Besuch „in seinem Land“ und wünschte mir alles Gute. Das war es.

Seine Angriffe auf Helmut Schmidt hat er nicht fortgeführt. So hatte der junge CDU-Politiker den großen Weltökonom Helmut Schmidt in Israel verteidigt. Annemarie Renger hat sich bei mir in wärmsten Tönen bedankt. Helmut Schmidt, der über meine Aktion informiert war, nicht. Ich glaube, er hielt es für selbstverständlich, dass Freund und Feind in Deutschland ihn gegen unberechtigte Angriffe aus Israel verteidigten und es war ihm egal, wie die Israelis von ihm dachten.

Jahre später gestand mir ein Generaldirektor des israelischen Außenministeriums, Begin habe Schmidt angegriffen, weil dieser während des Yom-Kippur-Krieges 1973 die Bundesregierung Brandt gedrängt habe, den Transport von Militärgeräten und Waffen vom amerikanischen Militärflughafen Ramstein nach Israel zu unterbinden. Damals sei Israel in größter Not gewesen und ausgerechnet Deutschland habe Israel im Stich gelassen. So etwas vergesse ein Begin nie.

Gefallen hatte mir die Haltung Schmidts im Jahre 1973 nicht.

Gefallen hat mir die Retourkutsche Begins aber auch nicht.

Merke:
Wenn zwei Alphatiere aufeinandertreffen, schlägt die Stunde des Vermittlers. Ohne ihn sind die Feuer oft nicht zu löschen.

Der Geiz des Bundesfinanzministers Gerhard Stoltenberg

Die Haushaltspolitiker des Bundestages sind eine besondere Gattung, zumindest waren sie dies in Bonner Zeiten. Mit größter Akribie durchforsteten sie den 40 000 Seiten starken Haushaltsentwurf der Regierung in wochenlangen Mammutsitzungen, nicht selten von 8 Uhr morgens bis weit nach Mitternacht. Kein Einzeletat verließ den Haushaltsausschuss so, wie er eingebracht worden war. Da Mitglieder der Opposition in keinem anderen Ausschuss so große Einflussmöglichkeiten hatten, war ich 1977 von der Innen- in die Haushaltspolitik gewechselt.

Die Ministerinnen und Minister hatten im Haushaltsausschuss zu erscheinen, wenn ihr Etat beraten wurde. Nur der Kanzler und der Außenminister durften sich wegen internationaler Termine vertreten lassen. Wehe ein Kabinettschef trat arrogant auf oder wich den kritischen Fragen aus. Sofort wurden – oft symbolisch aber immer schmerzhaft und immer fraktionsübergreifend – Mittel für die Öffentlichkeitsarbeit oder beim Verfügungsfonds des Ministers gestrichen. Die nächste Stufe war das Streichen von Personalstellen im Leitungsbereich oder bei bekannten Lieblingsprojekten der Minister. In Bonn kursierte der Spruch: Auf offener See, vor Gericht und im Haushaltsausschuss ist man in Gottes Hand.

Dem Generalinspekteur der Bundeswehr wurde nach

allzu forschem Auftreten im Ausschuss entgegengehalten: „Herr General, nicht die Generäle sind die Träger der Armee, sondern die Obristen. Und diese werden von Tag zu Tag träger. Und die Trägsten von ihnen werden Generäle." Als dieser beleidigt den Ausschuss verlassen wollte, wurde er vom Verteidigungsminister vor versammelter Mannschaft angewiesen, zu bleiben. Der Minister wusste: Mit dem Haushaltsausschuss legt man sich nicht an.

Eine besondere „Liebesbeziehung" bestand zwischen der Berichterstatterin für den Etat des Bundesaußenministers, Heide Simonis (SPD) und der Staatsministerin im Auswärtigen Amt, Hildegard Hamm-Brücher (FDP). War es das ausgeprägte Ego der Staatsministerin oder gnadenloses Nachforschen der späteren Ministerpräsidentin, zwischen beiden Damen sprühten jedes Mal die Funken. Wir Männer warteten immer fröhlich auf dieses Duell.

Nachdem sich beide Damen wieder einmal so heftig zerstritten hatten, dass der Vorsitzende die Sitzung unterbrechen musste, aber die Damen im Vorraum des Ausschusses ihre Kontroverse vor hunderten Beamten fortsetzten, schritten die SPD-Kollegen zur Tat. Unter dem Briefkopf der Staatsministerin formulierten sie eine Einladung an Frau Simonis zu einer gemeinsamen Dienstreise um die halbe Welt. Die Begründung der Staatsministerin: „Ich bedauere unsere Auseinandersetzung im Haushaltsausschuss und möchte die zwischen uns entstandenen Differenzen auf dieser Reise zu Lande, zu Wasser und in der Luft bereinigen." Natürlich war auch die Unterschrift gefälscht.

Es kam, wie es kommen musste und die Eingeweihten erwarteten lustvoll die nächste Sitzung. Heide Simonis meldete sich wie erwartet vor Eintritt in die Tagesordnung zur Geschäftsordnung, sprach von einem Skandal in Bonn und forderte die sofortige Einbestellung der Staatsministerin. Frau Dr. Hamm-Brücher erschien. Heide Simonis ging sofort zum Angriff über, verwahrte sich in barschen Worten gegen den unlauteren Bestechungsversuch und las das Schreiben vor. Die verblüffte Staatsministerin wies empört die Unterstellung zurück, sie habe einen solchen Brief geschrieben. Jeder nahm ihr das ab und die Blamage von Frau Simonis war ebenso signifikant wie die Schadenfreude der Kollegen.

Man kann derartige Streiche erwachsener Leute nur mit dem Dauerstress in den Haushaltsberatungen erklären. Sie bewiesen letztlich das kollegiale Verhältnis der Haushälter untereinander.

Mit dem Regierungswechsel 1982, von Helmut Schmidt zu Helmut Kohl, wurde der CDU-Landesvorsitzende von Schleswig-Holstein, Gerhard Stoltenberg, Bundesfinanzminister. Traditionsgemäß saßen die Haushälter nach dem Ende der zweiten Lesung spätabends mit „ihrem" Finanzminister im Restaurant des Bundestages zusammen. Dabei dankte der jeweilige Finanzminister ihnen für wochenlange Beratungen der Einzeletats im Haushaltsauschuss und zahlte deren Zeche.

Nicht so Gerhard Stoltenberg. Als dieser Mustersparer nach seinen Dankesworten keinerlei Anstalten traf, die abgekämpften Ausschussmitglieder zu Speis und Trank einzuladen und von mir dafür Hohn und Spott erntete, zahlte er seine und meine Rechnung und fertig! Gerhard war ein großartiger Mensch. Wenn es ums Geldausgeben ging, übermannte ihn offensichtlich der Geiz – ein idealer Kassenwart der Steuergelder der Bürger.

Merke:
Man sollte Steuergelder der Bürger doppelt so ungern ausgeben wie das eigene Geld. Dann ist man ein guter Kassenwart.

Der Gewerkschaftsboss musste in Beugehaft

Im Jahre 1986 erschütterte der bis dahin größte Wirtschafts- und Sozialskandal die Republik. Das größte Wohnungsbauunternehmen Europas, die gewerkschaftseigene Neue Heimat, stand vor dem Zusammenbruch. Die Daten dieser Gesellschaft: 10 Milliarden Mark Subventionen von Bund und Ländern, Steuerbefreiungen als gemeinnütziges Unternehmen, 17 Milliarden Mark Schulden und eine Million verängstigte Sozialmieter. Der Deutsche Gewerkschaftsbund hatte ihre Beteiligungsgesellschaft BGAG als Konzernmutter der Neuen Heimat und zahlreicher anderer DGB-Unternehmen Jahre zuvor gegründet. Misswirtschaft und Korruption wurden nicht nur der Neuen Heimat, sondern auch der Beteiligungsgesellschaft BGAG vorgeworfen. Dem Aufsichtsrat der BGAG gehörten die Vorsitzenden der damals 15 DGB-Einzelgewerkschaften an.

Der Deutsche Bundestag setzte einen Untersuchungsausschuss ein. Wieder einmal sollte ich die Arbeitsgruppe der CDU/CSU-FDP-Koalition führen, also den Kampfhund gegen den Gewerkschaftsgiganten spielen. DGB, BGAG und Neue Heimat verweigerten die Herausgabe der Geschäftsakten, die wir bis zum Bundesverfassungsgericht einklagen mussten und strengten weitere 23 Gerichtsverfahren gegen den Untersuchungsausschuss an. Auch der Vorstandsvorsitzende der BGAG Alfons Lappas, und der DGB-Vorsitzende Ernst Breit zogen vor Gericht. Gegen mich wurden 17 strafbewehrte Abmahnungen, durch die mir Aussagen über diesen Skandal untersagt werden sollten, nach Hause geschickt. Ich sollte eingeschüchtert werden. Wir beschäftigten eine Kompanie von Juristen, um 70 Meter Akten mit 20 Tonnen Gewicht durchzukämmen. Der Ausschuss und ich selbst verloren keinen einzigen Prozess.

Nachdem wir bereits zahlreiche Zeugen vernommen hatten, erschien nach langen Ausweichmanövern endlich der Vorstandsvorsitzende der BGAB, Alfons Lappas, vor dem Ausschuss. Wie aus dem Ei gepellt saß er im grauen Einreiher mit Weste vor den Abgeordneten und erklärte: „Ich verweigere die Aussage grundsätzlich und werde den Saal verlassen."

Rumms! Das hatte es in der Geschichte des Bundestages noch nicht gegeben. Ein Zeuge verweigerte sich ohne Begründung einem Untersuchungsausschuss. In der Sitzung Tumult, dann Unterbrechung, dann weiterer Tumult in der Sitzung der CDU/CSU FDP Arbeits gruppe. Das Recht sah zur Erzwingung einer Aussage ein Ordnungsgeld bis zu 1.000 DM und Beugehaft vor. Der Ausschussvorsitzende Hüsch (CDU) war gegen die Beugehaft eines Gewerkschaftsfunktionärs, ich kämpfte für Ordnungsgeld und Beugehaft und setzte mich durch. Im Ausschuss stimmten CDU/CSU, FDP und Grüne für meinen Antrag, von der SPD stimmten zwei, unter ihnen der spätere SPD-Vorsitzende Müntefering, dagegen und zwei enthielten sich: 1000 DM Ordnungsgeld und Beugehaft für Lappas! Einen Tag später ordnete das Amtsgericht Bonn gegen Lappas zur Erzwingung des Zeugnisses vor dem Untersuchungsausschuss Haft für die Dauer von bis zu sechs Monaten an.

Zwei Tage später, an einem Sonntagmorgen, wollte die hessische Polizei Lappas von seiner Villa im Taunus abholen. Seine Ehefrau erzählte den Polizisten, ihr Mann werde als Ehrengast am Kongress der Industriegewerkschaft Metall in Hamburg teilnehmen und danach in die USA fliegen. Ich rief um 17 Uhr Bundeskanzler Kohl zu Hause an, um ihn über das nun bevorstehende Erdbeben vorzuwarnen. Kohl explodierte am Telefon: „Was, seid ihr wahnsinnig geworden? Stoppt das sofort!" Erst als ich ihm erklärte, dass die Arbeit des Ausschusses beendet und der Deutsche Bundestag bis auf die Knochen blamiert sei, wenn sich einer der Hauptzeugen durch Flucht in die USA der Zeugenschaft entziehen könne, beruhigte er sich einigermaßen. Am Ende des Gespräches war mir dennoch klar: Kohl war total unzufrieden mit mir. Ich aber war sehr zufrieden mit mir.

Am Abend wurde Lappas bei der Eröffnungsveranstaltung des IG-Metall-Kongresses verhaftet. Der Vorsitzende der Gewerkschaft der Polizei, Schröder, schrie vom Podium den ohnehin aufgebrachten Gewerkschaftsfunktionären zu: „Seit den Nazis hat es eine derartige Verfolgung der Gewerkschaften wie jetzt unter Kohl nicht mehr gegeben." Der Saal tobte, die

Presse berichtete mit Balkenüberschriften über den verhafteten BGAG-Boss wie über einen Märtyrer und plötzlich war die Beugehaft wichtiger als der jahrzehntelange Missbrauch von Steuermitteln durch die DGB-Gemeinwirtschaft.

Erst nach langen Tagen der Einsamkeit für Lappas hinter Gittern und für mich – die Fraktion behandelte mich wie einen Aussätzigen – drehte die Stimmung. Lappas erschien vor dem Ausschuss, und sagte endlich aus. Und die Mehrheit der Bevölkerung sah ein, dass es für Gewerkschaftsbosse, die sich wie Großkapitalisten aufführen, kein Sonderrecht geben kann.

Das Ende vom Lied: Die Aufklärung des Neue-Heimat-Skandals brachte das Ende der DGB-Gemeinwirtschaft. Bis heute hat es kein anderer Untersuchungsausschuss gewagt, einen Aussageverweigerer hinter Gitter zu bringen. Und Verweigerer gab es bis heute mehr als genug. Allerdings verweigerte sich kein anderer so plump und arrogant wie Lappas. Am 5. Dezember 1986 verkündete das Zentralorgan des DGB „Welt der Arbeit“ auf Scitc 1 in großen Lettern, dass mir zum Jahreswechsel der besondere Titel „Politischer Amokläufer der Bundeshauptstadt“ verliehen werde.

Merke:

1. Gewerkschafter sind schlechte Unternehmer. Unternehmer sind schlechte Gewerkschafter.

2. Wenn man der Wahrheit auf der Spur ist, darf man sich nicht einschüchtern lassen.

Die Nachtfahrt in der chinesischen Staatsbahn 1. Klasse

Nach der Bundestagswahl 1987 wurde ich zum innenpolitischen Sprecher der CDU/CSU-Fraktion gewählt und gleich mit einem besonderen Ansinnen konfrontiert. Die deutsche Politik war an engeren Beziehungen zur Volksrepublik China interessiert und suchte nach Möglichkeiten, sich diesem riesigen Land zu nähern. Harte Politikfelder wie die Sicherheits- und Verteidigungspolitik schieden dafür ebenso aus wie die Finanz- und Wirtschaftspolitik. Ein weiches Thema sollte herhalten und das war die Kulturpolitik, die damals noch im Innenministerium angesiedelt war. Also fuhren wir, vom Außenministerium kurzfristig organisiert, mit einer achtköpfigen Bundestagsdelegation in das so fremde Land der Mitte.

Mit Sicherheit war diese in China vielbeachtete Reise ein Türöffner für die deutsch-chinesischen Kulturbeziehungen. Aber nicht diese Tatsache, sondern eine Wette bewegte die Klatschspalten der Zeitungen und Zeitschriften in Deutschland: Auf Vorschlag von Burkhard Hirsch wurde in unser Programm eine 17-stündige Bahnfahrt von Xian nach Chengdu aufgenommen. Dieser Teil der Reise animierte die Teilnehmer so prozenthaltig, dass sie eine Wette abschlossen: Jeder sollte in der anstehenden Haushaltsdebatte die Worte „eine Nachtfahrt in der chinesischen Staatsbahn 1. Klasse" einbauen. Wer das nicht hinbekäme, solle den anderen einen ausgeben.

Derartige Wetten hatten im Bonner Bundestag bereits Tradition. So hatten die Verkehrspolitiker einmal stundenlang den „Verkehrskreisel von Wimbledon“ in ihren Reden verewigt.

Die Haushaltsdebatte fand unmittelbar nach der Chinareise statt. Eine wunderbare Gelegenheit, bei der Beratung des Etats des Bundesinnenministers der chinesischen Eisenbahnwette gerecht zu werden. Wilfried Penner (SPD) ging gleich aufs Ganze. Er raunzte Bildungsminister Jürgen Möllemann mit den Worten an, seine Neigung für Vermummungsverbote sei ja bekannt Er solle hier und heute seine bisher vermummte „Nachtfahrt in der chinesischen Staatsbahn 1. Klasse“ bekennen. Möllemann nutzte das Recht der Regierung, jederzeit in die Debatte einzugreifen, stürzte in den Schlussbeifall für Penners Rede von der Regierungsbank zum Rednerpult und wehrte sich energisch gegen derartige „Verdrehungen, Unwahrheiten und Lügen der Opposition“. Er sei in China nie Eisenbahn gefahren. Er könne nur vermuten, dass Penner lüge oder nicht ganz bei Sinnen sei.

Als Nächster war ich an der Reihe und nahm für die Regierungsfraktionen den Oppositionspolitiker und Chinareisenden Penner in Schutz. Dieser habe „eine Nachtfahrt in der chinesischen Staatsbahn erster Klasse“ mit Würde überstanden. Im gleichen Abteil habe ein Chinese gesessen, der Möllemann zum Verwechseln ähnlich gesehen habe. Dass Penner so weit weg von Bonn nicht nur an Möllemann gedacht, sondern ihn sogar in diesem Chinesen erkannt habe, spreche doch für und nicht gegen ihn. Deshalb seien die Angriffe auf Penner völlig haltlos.

Antje Vollmer (Die Grünen) ging die Sache ganz anders an. Bei einer „Nachtfahrt in der chinesischen Staatsbahn 1. Klasse“ habe ein Chinese drei Deutschen gegenüber gesessen. Auf dessen Frage an den Ersten, ob er Nazi sei, habe dieser empört reagiert. Die Frage an den Zweiten, ob er Antisemit sei, habe dieser ebenso verärgert zurückgewiesen. Daraufhin habe der dritte Deutsche gesagt: „Sie brauchen mich nicht erst zu fragen, ich bin Nazi und Antisemit.“ Daraufhin habe der Chinese geantwortet: „Sie sind der einzige ehrliche Deutsche. Ihnen vertraue ich mein Gepäck an, während ich auf die Toilette gehe.“

Burkhard Hirsch (FDP) verglich als Nächster den Etat des Innenministers, um den es ja eigentlich ging, mit einer „Nachtfahrt in der Chinesischen Staatsbahn 1. Klasse“: Dabei komme ihm einiges chinesisch vor: Keinerlei Ausblick nach vorn, vergammelte Abteile, um ihn herum nur die alten Kameraden und der Blick auf die Umgebung flüchtig, begrenzt und oberflächlich.

Als schließlich Gottfried Bernrath (SPD) das Wort ergriff, war jedem im Plenarsaal klar, dass wieder einmal eine Abgeordnetenwette über die Bühne ging. Bernrath machte keinerlei Anstalten, über Eisenbahnen im Allgemeinen und chinesische im Besonderen zu reden. Erst als Hirsch ihn mit einer Zwischenfrage ärgerte, führte er fast nebensächlich an: „Wenn Sie das mit Ihrem

Koalitionskollegen Gerster auf der ‚Nachtfahrt' geklärt hätten, müssten Sie meine Rede nicht unterbrechen!"

Diese fünf Redner hatten ihr Ziel erreicht. Drei weitere Delegationsmitglieder waren nicht zu Wort gekommen: Dr. Heribert Blens (CDU), Dr. Wilhelm Nöbel (SPD) und Wolfgang Zeitlmann (CSU). Diese mussten ihre Wettschulden einlösen.

Jeder der acht China-Wetter bekleidete früher oder später ein Führungsamt in Bonn: als Bundestagsvizepräsident, stellvertretender Fraktionsvorsitzender, Vorsitzender eines wichtigen Ausschusses oder innenpolitischer Sprecher seiner Fraktion.

Merke:

1. In Bonn menschelte es wohl mehr als in Berlin.

2. Gemeinsames Reisen bildet nicht nur. Es macht aus politischen Gegernern Kollegen, die sowohl im Spaß wie auch im Ernstfall Grenzen überschreiten können.

Lieber Marketenderin als CDU-Generalsekretär

1987 verlor die CDU bei den Landtagswahlen in Rheinland-Pfalz die absolute Mehrheit. Eine Koalition mit der FDP musste die Regierungsfähigkeit sichern. Stimmenverluste wie große Zugeständnisse gegenüber der FDP wurden Bernhard Vogel angelastet. Die Luft in der CDU-Landtagsfraktion wurde zum Schneiden dick. Auch in der Landespartei nahm die vom früheren Fraktionsvorsitzenden und zwischenzeitlichen Umweltminister Hans-Otto Wilhelm befeuerte Kritik an Vogel zu. Während Vogel als Ministerpräsident ohne Alternative war, forderte die innerparteiliche Opposition, Partei- und Regierungsamt zu trennen. Wilhelm sollte Vorsitzender werden, nur so könne die Partei modernisiert werden. Ich hielt eine Reform der Landespartei für geboten, eine Kampfkandidatur Wilhelms gegen Vogel aber für falsch: Man wählt einen erfolgreichen Ministerpräsidenten als Parteivorsitzenden nicht ab.

Vogel wollte lange nicht zur Kenntnis nehmen, dass es um seinen Kopf ging. Als er dies 1988 endlich bemerkte, versprach er, um seinen Reformwillen in der Landespartei zu unterstreichen, die erstmalige Bestellung eines Generalsekretärs. Statt Trennung von Partei- und Regierungsamt wollte Vogel mit einem Generalsekretär die Partei auf Vordermann bringen.

Vor unserem Sommerurlaub in der Normandie hatte ich Vogel wieder vor den illoyalen Umtrieben Wilhelms gewarnt. Seine Frage, ob ich mir ein stärkeres Engagement in der Landespartei vorstellen könne, verneinte ich mit Hinweis auf meine Bonner Pflichten.

Umso überraschter war ich, als mitten im Urlaub Heidi Parade von der Rheinpfalz anrief und mitteilte, Bernhard Vogel habe mich am Vorabend im Weinkeller der Staatskanzlei als künftigen CDU-Generalsekretär angekündigt. Ihren Glückwunsch unterbrach ich säuerlich mit der Bemerkung: „Ich werde eher Marketenderin der Mainzer Ranzengarde als Generalsekretär der rheinland-pfälzischen CDU."

Meine Vorliebe für das Amt der Marketenderin rauschte sofort bundesweit durch die Gazetten und ich wurde, weil ich Vogel einen Korb gegeben hatte, kurzfristig dem Wilhelmlager zugeschlagen. Dieser nahm in einer Kampfabstimmung am 11. November 1988 in Koblenz Vogel das Amt des Landesvorsitzenden ab. Als Lohn für diese unsinnige Palastrevolution schickten die Wählerinnen und Wähler im bis dahin „schwarzen" Rheinland-Pfalz die CDU zwei Jahre später in die Opposition. Was ich nicht ahnte und zu diesem Zeitpunkt ebenso barsch ausgeschlagen hätte: Vier Jahre später war ich CDU-Landesvorsitzender von Rheinland-Pfalz und 12 Jahre später Generalfeldmarschall der Mainzer Ranzengarde.

Merke:

1. Politische Weisheit und Narrheit liegen oft eng beieinander.

2. Man stürzt nicht den beliebten Ministerpräsidenten als Landesvorsitzenden der eigenen Partei.

Der „Herauswurf“ von FDP-Polikern aus dem Innenausschuss

Im Bundestag werden vor wichtigen Abstimmungen nicht selten Pairing-Vereinbarungen getroffen. Fehlen Abgeordnete der Regierungsfraktionen, beispielsweise wegen eines Krankenhausaufenthaltes oder sind Mitglieder der Regierung auf Dienstreisen, verzichtet die Gegenseite auf das Ausspielen ihrer Zufallsmehrheit. Vereinbarungsgemäß fehlt dann auf beiden Seiten die gleiche Zahl von Abgeordneten. Dadurch bleibt die von den Wählern bestimmte Mehrheit gewahrt.

Zu meiner Zeit als innenpolitischer Sprecher der CDU/CSU-Fraktion funktionierte diese Praxis im Innenausschuss ebenso. Der Ausschussvorsitzende Bernrath (SPD) und der innenpolitische Sprecher der SPD Nöbel sorgten dafür, dass bei der Verhinderung von Abgeordneten der CDU/CSU genauso viele SPD-Kollegen nicht an der Abstimmung teilnahmen. Warum taten sie das? Verliert eine Regierungsmehrheit im Ausschuss eine Abstimmung, kann dies durch das Plenum des Bundestages korrigiert werden. Und genau für dieses aufwendige Verfahren waren sich die SPD-Kollegen zu schade. Auch war das Verhältnis zwischen CDU/CSU- und SPD-Kollegen im Innenausschuss so gut, dass man nicht die Muskeln spielen ließ.

In einem Fall funktionierte dieses bewährte System allerdings nicht: Bei der Beratung über die Ergänzung des Versammlungsgesetzes, genauer bei der Einführung des Verbotes der Vermummung und der passiven Bewaffnung bei Großdemonstrationen.

In den 80er Jahren hatten gewalttätige Ausschreitungen und Gewaltexzesse am Rande von Demonstrationen erschreckende Ausmaße angenommen. Die schwarzen Blöcke gefährdeten die Sicherheit und Durchführung friedlicher Demonstrationen. Die politischen Diskussionen führten zur Erkenntnis: Wer in einer freiheitlichen Gesellschaft für seine Ziele eintritt, soll das mit offenem Visier tun. Deshalb sollte die Vermummung und die passive Bewaffnung, das heißt, die Verdeckung der eigenen Identität durch Motorradhelme, Lederkombis u. ä. bei Großdemonstrationen verboten werden. Gewalttäter sollten sich nicht länger dem Zugriff der Sicherheitsbehörden entziehen können.

Der innenpolitische Sprecher der FDP-Fraktion Burkhard Hirsch hatte mir am Tag vor der entscheidenden Sitzung mitgeteilt, dass die FDP-Mitglieder im Innenausschuss gegen das Votum ihrer Fraktion dieses Gesetz ablehnen würden. Dadurch wäre es im Ausschuss gescheitert, eine Koalitionskrise die Folge gewesen. Mein Hilfegesuch bei den SPD-Kollegen führte nicht weiter. Sie erklärten, sie würden zwar weiter Zufallsmehrheiten im Ausschuss verhindern, aber nicht bei diesem brisanten Gesetz. Es käme politischem Selbstmord gleich, wenn sie das Abweichen der FDP durch oppositionelle SPD-Stimmen ausgleichen würden. Ich habe das bedauert, aber verstanden.

Weder der Fraktionsspitze noch dem Kanzleramt

kündigte ich den bevorstehenden Knall an, denn irgendwie hoffte ich noch auf ein Wunder. Und dieses kam spät am Abend in Person des FDP-Abgeordneten Detlef Kleinert. Wir trafen zufällig vor den Abgeordneten-Appartements zusammen, wo Kleinert mich zu einem Absacker in seine Wohnung einlud. Er war Arbeitskreisvorsitzender der FDP-Fraktion für Inneres, Recht, Umwelt und damit der fraktionsinterne Vorgesetzte von Hirsch. Kleinert gehörte dem konservativen und Hirsch dem linksliberalen Flügel seiner Partei an. Beide verband eine innige, gegenseitige Ablehnung. Als ich ihm mein Leid klagte, versprach er Abhilfe. Als gegen zwei Uhr unsere Sondersitzung an seiner Hausbar endete, glaubte ich noch nicht an das bevorstehende Wunder.

Am nächsten Morgen war es da. Der hochprozentige Geist der Nacht hatte gewirkt. Kurz vor Sitzungsbeginn irrte Dr. Burkhard Hirsch irritiert vor der Ausschusstür umher und erklärte empört, er sei aus der Liste der Ausschussmitglieder gestrichen worden. Statt ihm, dem früheren Innenminister Gerhard Baum und dem ebenfalls linken Berliner Rechtsanwalt Wolfgang Lüder standen dort die Namen: Detlef Kleinert, Klaus Beckmann und Ekkehard Gries, alle drei konservative, besonders koalitionstreue Liberale. Diese kamen, Hirsch, Baum und Lüder mussten gehen.

Das Gesetz ging im Ausschuss reibungslos mit den Stimmen der Koalition über die Bühne. FDP-Geschäftsführer Beckmann stellte am Abend des gleichen

Tages durch entsprechende Meldung an den Bundestagspräsidenten die alte FDP-Besatzung im Innenausschuss wieder her.

Wir hatten Kohl eine Koalitionskrise erspart und ein wichtiges Gesetz beschlossen. Gegenüber Burkard Hirsch, mit dem ich ansonsten gut und vertrauensvoll zusammenarbeitete und dem ich mich noch heute freundschaftlich verbunden fühle, empfand ich ein schlechtes Gewissen. Er erfährt erst durch diese Zeilen von meiner nächtlichen Sitzung mit seinem innerparteilichen Rivalen Kleinert.

Merke:

1. Die Fraktionen sind keine fest zementierten Blöcke. Manchmal funktionieren Teile vom Ganzen besser über Fraktionsgrenzen hinweg als untereinander.

2. In der Politik werden wichtige Probleme nicht selten erst beim anschließenden Bier gelöst.

Als Staatsfeind im Visier der Stasi

Erst im Jahre 2011 übersandte mir die Stasiunterlagenbehörde in Berlin Kopien meiner zwanzig Jahre vorher erbetenen Akten aus der ehemaligen Stasibehörde der DDR. Rund 50 Objektvorgänge mit tausenden Seiten war ich dem DDR-Überwachungssystem wert gewesen.

Die erste Karteikarte stammt aus dem Jahr 1960. Mit der Jungen Union waren wir im noch „mauerfreien" Berlin und fuhren zu dritt in einer feuchtfröhlichen Nacht mit der S-Bahn zu unserer Jugendherberge am Wannsee. Dummerweise schliefen wir in der Bahn ein und landeten in Potsdam, also im feindlichen Ausland, der „Deutschen Demokratischen Republik". Dort holte uns die Volkspolizei aus dem Abteil, verhörte uns stundenlang wegen unerlaubten Grenzübergangs und dem Verdacht der Spionage. Meine Aufforderung, die eines angetrunkenen 19-jährigen, „Könnt Ihr A…. uns nicht endlich ins Bett lassen", verlängerte die Prozedur. Erst am nächsten Nachmittag wurden wir in die S-Bahn Richtung Westberlin gesetzt und fühlten uns in Wannsee wieder frei. Der Staatssicherheit war diese nächtliche „Sauftour" westlicher Jugendlicher so wichtig, dass der Vorgang über Jahrzehnte aktenkundig blieb.

Das Niveau meiner Stasieinträge stieg schlagartig an, als ich in den 70er Jahren im Guillaume-Untersuchungsausschuss des Bundestages den Fall des DDR-Agenten bei Bundeskanzler Willy Brandt mitaufklärte und in den 80er Jahren im halbjährigen Wechsel mit dem SPD-Politiker Peter Struck die Kontrollkommission des Bundestages leitete. Der Kontrolleur westdeutscher Nachrichtendienste Gerster war für die DDR-Schnüffler so interessant, dass sie alle seine Presseverlautbarungen archivierten, ihn bei jedem Besuch Ostberlins oder der DDR observierten und ihn zeitweise auch im Westen abhörten.

Besonders privilegiert erschien ich jahrelang beim Übergang von Westberlin nach Ostberlin. Dort besuchte ich die Tante meiner Frau, eine Volkspolizistin der DDR im Range eines Majors. Nach großzügigen Einkäufen von nahrhaften Geschenken in Westberlin, wie Schinken, Käse, Kaffee, Schokolade und Pralinen für die verschwägerten Ossis, musste ich wie alle anderen am Bahnhof Friedrichstraße aussteigen, meinen Pass zur „Sicherheitsüberprüfung“ abgeben und erhielt dafür eine Nummer. Auch wenn ich einer der letzten Aussteiger war, bekam ich immer als einer der ersten meinen Pass zurück. Dabei zischte mir der DDR-Grenzkontrolleur gelegentlich „Guillaume-Ausschuss“ oder „BND“ zu. Ich war als Klassenfeind erkannt und durfte, vielleicht zum Leidwesen des Grenzers, weiter Richtung Osten fahren.

In den Jahren 1985 und 1988 organisierte ich als Vorsitzender der CDU Landesgruppe Rheinland-Pfalz/Saarland des Bundestages Reisen in die DDR. Wir wollten Land und Leute kennenlernen und trafen staatliche wie kommunale Spitzenleute, denen wir Ausreiseanträge von DDR-Bürgern mit der Bitte um Unterstützung übergaben. Nach jeder Reise kamen einige unserer Schutzbefohlenen frei. Dabei war nicht nachvollziehbar, warum der eine in den Westen durfte und ein anderer nicht. Die ebenso wichtigen Begegnungen mit kirchlichen Oppositionsgruppen standen nicht auf dem Programm. Sie erfolgten konspirativ, indem ich mit ein, zwei Kollegen heimlich die Gruppe verließ und Freunde aus den Kirchen der DDR traf. Meinen Spitzelakten entnehme ich, welche Treffen der Stasi im Detail bekannt wurden: Auch die Kirchen waren unterwandert.

Unser Reiseleiter drängte, den minutiös festgelegten Plan auf keinen Fall zu verändern. Dieser war zugleich der Einsatzplan der Staatssicherheit, die uns rund um die Uhr beschattete. So lungerten bei jedem Halt Stasileute um unseren Bus herum. Wir enttarnten sie, indem wir sie fotografierten. Wer das Gesicht mit seinen Händen bedeckte oder weglief, war ein Spitzel, der fotografisch nicht festgehalten werden durfte. Was diese Leute über uns zu berichten hatten, zeigt u. a. ein Bericht von Oberstleutnant Baaske vom 10.8.1988 an das Ministerium für Staatssicherheit: „Sie (gemeint war unsere Reisegruppe) verteilte bei jeder sich bietenden Gelegenheit Cola-Büchsen, Kaugummi, Schokolade und Aufkleber an Kinder und fotografierten diese Szenen, sodass für Unbeteiligte beim Betrachten der Bilder der Eindruck entstehen musste: Der gute Onkel aus dem Westen verteilt Süßigkeiten an bettelnde Kinder in der DDR. Des Weiteren hatte die Gruppe mehrere, von der BRD aus vorbereitete und nicht im Programm des Reisebüros enthaltene Gespräche mit führenden Kirchenvertretern ..."

Als ich an einem Sonntag erklärte, wir wollten den Naumburger Dom besuchen, versuchte unser Reiseleiter diese Änderung des Reiseweges mit allen Mitteln zu verhindern. Ein von beiden Seiten engagiert geführtes Streitgespräch folgte. Schließlich sagte ich, er müsse ja nicht mitfahren und – eher scherzhaft gemeint – als frei gewählte Abgeordnete könne man uns ohnehin nur mit Waffengewalt hindern. Diesen Vorgang schilderte laut Stasi-„Auskunftsbericht zum Bürger der BRD Gerster, Johannes" Oberst Redel am 19. September 1985 so:

„Während des Aufenthaltes in den Bezirken Dresden und Erfurt.... trat GERSTER, Johannes, als Wortführer und Mitinspirator provokatorischen und arroganten Auftretens gegenüber dem Reiseleiter der DDR in Erscheinung. Eine Forderung ... nach einer zusätzlichen Programmleistung unterstützte Gerster mit den Worten: „Wir würden sowieso fahren, man kann uns nur mit Waffengewalt daran hindern!"

Dieser Reiseleiter war am ersten Tag auf dem Marktplatz in Eisenach in unseren Bus gestiegen. Nach freundlichen Begrüßungsworten und Vorstellung der Abgeordneten teilte ich ihm vor versammelter Mannschaft mit, wir wüssten, dass er ein Mitarbeiter der Staatssicherheit der DDR sei. Ich sei Oberstleutnant der Mainzer Ranzengarde und hoffe, dass er mindestens Major sei. Denn Mindestansprüche an seine Überwachungsbehörde hätten wir schon. Dies liest sich in o. g. Bericht wie folgt: „Gegenüber dem Reiseleiter der

DDR trat er (Gerster) sehr aggressiv und provozierend auf und gab ihm mehrfach zu verstehen, dass ein Reiseleiter … mindestens Major der Staatssicherheit sein müsse."

Meine Frau Regina, die als Kleinkind mit ihrer Mutter vor den Russen aus Pommern geflohen war und die Kommunisten in der DDR ebenso „liebte" wie ich, wurde in der Abschlussfeststellung des Redel-Berichts mitbedacht: „Insgesamt kann zu Gerster, Johannes, die Aussage getroffen werden, dass es sich bei ihm um einen Feind der DDR handelt, welcher zusammen mit seiner Ehefrau als Wortführer auftrat und aus seiner antisozialistischen Einstellung auch in der DDR keinen Hehl machte. Die Gerster, Regina, unterstützte ihren Ehemann bei seinen Handlungen." Soweit der Auskunftsbericht vom Obristen.

Noch viereinhalb Monate vor dem Fall der Mauer, am 23. Juni 1989, forderte Major Strenger in einem Schreiben an das Ministerium für Staatssicherheit die „zielgerichtete Weiterbearbeitung der Operativen Personenkontrolle" von mir. Strenger unterstrich noch einmal: „Aus dem vorliegenden Material geht hervor, dass es sich bei Gerster, Johannes um einen erkannten Feind unserer Republik handelt."

Zur letzten Auseinandersetzung auf der 1985er Reise war es am Abreisetag gekommen, als wir das KZ Buchenwald besuchten. Dort wurde von einem Gästeführer die Geschichte der Befreiung Buchenwalds massiv verfälscht: Sozialisten im Lager hätten sich im Alleingang befreit. Als ich diesen offiziellen „Führer der DDR" aufmerksam machte, dass die 3. US-Armee am 11. April 1945 Buchenwald befreit hätte, wurde er ausfällig. Als ich fragte, ob auch das russische Militär nach 1945 Buchenwald als Internierungslager benutzt hätte, rastete er völlig aus. Darauf brachen wir die Propagandaveranstaltung ab. Dieser Vorgang muss unsere Schnüffler stark beeindruckt haben. Denn Oberst Wilke berichtet noch drei Jahre später, am 3. August 1988, in einem Bericht an seine Vorgesetzten: „Während einer Führung durch die Nationale Mahn- und Gedenkstätte Buchenwald ignorierten die Abgeordneten die Ausführungen der Führungskraft und stellten provokative Fragen zur Selbstbefreiung sowie zur Nutzung des Lagers von 1945 bis 1953."

Eine grundsätzliche Reaktion der DDR hatte es bereits am 14. Oktober 1985 gegeben. Generalleutnant Neiber beantragte mit handschriftlicher Bestätigung durch den Minister für Staatssicherheit, Erich Mielke, beim Ministerrat der DDR eine Einreisesperre für mich. Diese wurde verfügt. Der Feind der DDR Johannes Gerster durfte nicht mehr einreisen. 27 Monate später, am 19. Januar 1988, wurde „aus politisch-operativen Gründen" die Reisesperre gegen mich wieder gelöscht. Im gleichen Jahr fuhr ich mit der CDU-Landesgruppe Rheinland-Pfalz/Saar wieder in die DDR. Observierung und Gängelung durch die Staatssicherheit waren genauso engmaschig wie zuvor, die Stasiberichte ebenso dicht wie kleinkariert, obwohl die Öffnung der DDR näher rückte. 23 Jahre später entnahm ich meinen Stasi-Akten, dass sich zwei Dutzend Offiziere der Staatssicherheit über 30 Jahre lang mit mir beschäftigt hatten. Alle waren mindestens Major und der Höchste war der Minister für Staatssicherheit, Erich Mielke persönlich.

Merke:
Dass die Menschen in der DDR diesen kleinkarierten Unterdrückungsstaat durch eine friedliche Revolution zu Fall gebracht haben, zählt zu den Glanzpunkten der deutschen Geschichte.

Bundespräsident von Weizsäcker und die Begnadigung von RAF-Terroristen

Mit dem späteren Bundespräsidenten Richard von Weizsäcker saß ich von 1972 – 1981 im Bundestag, in der gemeinsamen Fraktion und in der CDU-Landesgruppe Rheinland-Pfalz/Saarland zusammen.

Die Unterschiede konnten kaum größer sein: Er, der sportlich trainierte, schlanke, durchgeistigte „Adelige“, ich, der jeden Maßanzug sprengende, bodenverhaftete, rheinhessische „Bauer“. Er kämpfte mit dem Florett, ich lieber mit dem Säbel. Dennoch verstanden wir uns gut, vielleicht auch weil Gegensätze sich anziehen.

Richard von Weizsäcker fühlte sich von Anfang an für hohe Ämter berufen. Er war überall gefragt, in Deutschland, ja weltweit, dafür war er relativ selten in seinem Wahlkreis Alzey-Worms. So übernahm ich in seiner Vertretung und um ihn für seine zahllosen nationalen und internationalen Verpflichtungen zu entlasten, zu meinen Sprechstunden im eigenen Wahlkreis monatliche Weizsäcker-Sprechstunden in Alzey.

Er wohnte mit seiner Familie in Bonn, in der Zitelmannstraße, gegenüber der Residenz des israelischen Botschafters Ben Horin. Meine Wohnung war immer in Mainz, für die Sitzungswochen des Bundestages unterhielt ich einen Zweitwohnsitz neben dem Bonner Weizsäcker-Haus. So verband Richard von Weizsäcker, Botschafter Eljashiv Ben Horin und mich räumlich, was uns auch geistig verband: der Ausbau deutsch-israelischer Beziehungen. Nicht selten tauschten wir uns zu dritt bei einem gemeinsamen Frühstück aus.

1981 wurde von Weizsäcker Regierender Bürgermeister von Berlin und 1984 Bundespräsident. Unsere Kontakte rissen nicht ab. Einmal jedoch wurde unser gutes Verhältnis nachhaltig getrübt. Die 80er Jahre waren noch immer erschüttert vom Kampf der Roten Armee Fraktion (RAF), die dem demokratischen Deutschland den Krieg erklärt hatte. Noch war die dritte Generation der RAF aktiv. Sie bombten, entführten, mordeten weiter. Die Bevölkerung war verunsichert und verängstigt, weil dieser unsinnige Kampf zwei Jahrzehnte lang nicht beendet worden war. In dieser gespannten Atmosphäre begnadigte Bundespräsident von Weizsäcker 1989 die RAF-Terroristinnen Verena Becker und Angelika Speitel. Ein mittleres mediales und politisches Erdbeben war die Folge.

Als innenpolitischer Sprecher der CDU/CSU-Fraktion kritisierte ich von Weizsäcker deutlich wegen dieses falschen Signals in die Gesellschaft und zu den Untergrundkämpfern der RAF. Der Staat dürfe keinen Zweifel an seiner Entschlossenheit im Kampf gegen den Terrorismus aufkommen lassen. Auch dürfe es keine Sonderbehandlung von Terroristen geben. Das Recht gelte für alle gleich. Wovon ich nicht gesprochen hatte, waren Überlegungen im Präsidialamt, einen weiteren männlichen Terroristen zu begnadigen.

In einer sitzungsfreien Woche klingelte mein Telefon in Mainz. Am anderen Ende hörte ich: „Gerster wird Erster“. Mir war sofort klar, am Telefon war der Bundespräsident. Denn es gab nur zwei Personen, die mich seit dem Wahlkampf 1976 mit meinem damaligen Wahlkampfslogan „Gerster wird Erster“ immer wieder aufzogen: Bundeskanzler Kohl und Bundespräsident von Weizsäcker.

Trotz dieser kumpelhaften Begrüßung war der Präsident ungehalten, weil er ausgerechnet aus seiner früheren Fraktion und von einem alten Kumpel öffentlich kritisiert worden war. Das Telefongespräch war kurz, denn ich bestand darauf, ihm meine Kritik und deren Hintergründe mündlich vorzutragen.

Bereits zwei Tage später, an einem Freitag, saß ich ihm um 15 Uhr beim Tee im Schloss Bellevue in Berlin gegenüber. Gleich bei der Begrüßung hatte er mich angepflaumt mit der Bemerkung, dass man beim Treffen mit dem Bundespräsidenten sein Bundesverdienstkreuz zu tragen habe. In der Tat hatte er mir drei Jahre vorher das Bundesverdienstkreuz 1. Klasse verliehen. Meine Antwort: „Lieber Herr von Weizsäcker, für einen Besuch des Bundespräsidenten war die Stufe meines Ordens etwas zu klein. Das wäre doch Ihrer Bedeutung nicht gerecht geworden.“ Daraufhin lachte er laut auf und bemerkte, er habe mein großes Selbstbewusstsein immer bewundert.

Ich erklärte Richard von Weizsäcker, dass ich die Begnadigung der beiden RAF-Frauen für verfrüht halte, aber noch größere Sorge wegen der bevorstehenden Begnadigung des männlichen RAF-Terroristen X habe.

Dieser gelte in RAF-Kreisen als Verräter. Seine Begnadigung würde die Verbitterung der aktiven RAF-Kämpfer vergrößern und damit deren Gewaltbereitschaft befördern. Das könne nicht in seinem Interesse sein.

Der Bundespräsident hatte mir sehr gespannt zugehört: Die Begnadigung des Herrn X blieb aus.

Merke:

1. Selbst Bundespräsidenten können von der Bundesregierung falsch beraten werden.

2. Souveräne Bundespräsidenten lassen sich zum Besseren überzeugen.

Das Mainzer Johannisfest wurde zur Privatfeier

Dass ich einmal vom Bundeskriminalamt unter Personenschutz gestellt würde, hatte mir niemand an der Wiege gesungen. Im letzten Viertel meiner Bonner Jahre und danach hatte ich dieses zweifelhafte Vergnügen: immer von drei Personenschützern umgeben, dazu Kontrollen vor meiner Mainzer Wohnung und meinen Büros. Es gab ähnlich gefährdete Kollegen, die begrüßten diese jederzeit auffällige Bewachung als „Statussymbol" nach dem Motto: Seht her wie wichtig ich bin! So rief ein junger Kollege, der in Bonn wohnte, nachts um 24 Uhr den Begleitschutz an, wenn er leere Flaschen im Glascontainer vor seinem Haus entsorgen wollte. Ich empfand meine Schutzengel eher als lästig, obwohl sie sich absolut korrekt verhielten. 18 Personen waren 7 Tage in der Woche rund um die Uhr zu meinem Schutz abgestellt. Auch auf der Toilette war ich nicht mehr allein.

Das Bundeskriminalamt wollte unser Wohnhaus am Mainzer Fischtorplatz durch massive Um- und Ausbauten, schusssichere Fenster und Türen sowie durch Überwachungskameras unüberwindbar machen. Unser Vermieter kündigte uns daraufhin mit der Begründung, wenn wir Politiker zu blöde seien, die Terroristen zu fassen, sollten wir in Bundeswehrkasernen umziehen und uns von Soldaten beschützen lassen. Es brauchte einige Überredungskunst, bis das Bundeskriminalamt von seinen Bauplänen und der Vermieter von seiner unsinnigen Kündigung abrückten.

Der Grund meiner Einstufung als „akut gefährdet“ lag Jahre zurück und hatte mit den als Terroristen verurteilten Häftlingen Jünschke und Grundmann zu tun. Diese saßen in der Haftanstalt Zweibrücken ein und waren in einen Hungerstreik getreten. Zur Zwangsernährung wurde die neue, noch nicht bezogene Hautklinik in der Uniklinik Mainz hergerichtet. Ein fünfstöckiges Gebäude für zwei Leute! Bei einem Krankenbesuch hatte ich spätabends eine mithilfe von frisch aufgestellten Lichtmasten taghell erleuchtete Klinik erlebt. Gepanzerte Fahrzeuge fuhren pausenlos im Klinikgelände auf und ab. Mit Maschinenpistolen und schutzsicheren Westen ausgestattete Polizisten riegelten die Hautklinik mit den Zwangsernährten weitläufig ab. Die Sicherheitsbehörden befürchteten eine gewaltsame Befreiung. Bei zahlreichen Patienten stieg der Blutdruck und in der Nacht starb ein Patient an Herzversagen. Er hatte sich in den Krieg zurückversetzt gefühlt.

Am nächsten Tag hatte ich als innenpolitischer Sprecher der CDU/CSU die sofortige Verlegung der beiden Terroristen aus der Uniklinik gefordert „Das Leben von 3000 Patienten ist wichtiger als das von zwei Verbrechern.“ Eine gewagte, angreifbare Formulierung, für die mich der damalige Chef der Mainzer Staatskanzlei, Willibald Hilf, am folgenden Sonntag am Rande der Gedenkveranstaltung zum Volkstrauertag auf dem Mainzer Hauptfriedhof, also in der Nachbarschaft der Unimedizin, heftig kritisierte. Für ihn wie für einige weitere Regierungsmitglieder aus Rheinland-Pfalz war es schändlich, dass ein CDU-Bundespolitiker der CDU-Landesregierung in die Parade fuhr. Für mich war das Wohl der Patienten in der Uniklinik Mainz aber wichtiger als Rücksichtnahmen auf die CDU-Landesregierung. Mein Protest blieb nicht folgenlos. Einige Zeit später waren wir Mainzer die beiden Hungerstreikenden wieder los – sie aßen wieder. In die Uniklinik kehrten menschlich-normale Verhältnisse zurück.

Jahre später bekam ich die Quittung. In einem Logistikzentrum der Roten Armee Fraktion (RAF) in Köln entdeckte die Polizei ein umfängliches Dossier über mich, meine Frau und meine drei Kinder, über die Wohnungen und Büros in Mainz und Bonn bis hin zu unseren üblichen Wegen, Fahrten und Lebensgewohnheiten. Ich stand auf der Abschussliste der RAF, kam in die zweithöchste Gefährdungsstufe und war fortan nicht mehr allein.

Das ging einigermaßen gut, mir aber zunehmend auf die Nerven. Ständig plante das Bundeskriminalamt den Einsatz meiner Personenschützer. Doppelte und dreifache Terminlisten wurden von mir, in meinem Büro und bei den Sicherheitsbehörden geführt und da es bei einem Politiker regelmäßig Terminverschiebungen gibt, waren ständig Leute mit Terminanpassungen und Absprachen beschäftigt. Richtig frei fühlte ich mich durch die Dauerbewachung nicht mehr.

Dieser Belastung wollte ich wenigstens in unserem

Sommerurlaub entgehen. Deshalb wollten wir ohne festes Ziel mit dem Auto ins Blaue fahren. Diese Rechnung hatten wir ohne den Wirt gemacht. Frühmorgens stand der schwarze Mercedes mit unseren drei Schatten startbereit vor unserer Wohnung. Wir fuhren los, die Beschützer hinter uns her, über die Weisenauer Rheinbrücke ins Hessenland, wo in diesem heißen Sommer wegen akuter Smoggefahr eine generelle Geschwindigkeitsbegrenzung von 120 km/h angeordnet war. Hinter Darmstadt gab ich Vollgas, fuhr kurz über 200 km und hängte das Polizeibegleitfahrzeug ab. Übers Viernheimer Kreuz kehrten wir nach Rheinland-Pfalz zurück. Herrliche zwei Wochen waren wir ohne Personenschutz: im Kloster St. Odile im Elsass, fuhren anschließend quer durch Deutschland und dann noch einige Tage nach Bamberg, den Studienort unserer jüngsten Tochter Anna. Was fühlten wir uns allein, losgelöst und so sauwohl! Auch mein Bonner Büro, mit dem ich jeden Vormittag telefonierte, tappte wegen unseres Aufenthaltsortes im Dunkeln und konnte guten Gewissens die Nachforschungen des BKA über unseren Verbleib abwehren.

Die Stimmung unserer Personenschützer konnte ich mit der Teilnahme an großen Sportveranstaltungen wieder aufhellen. So waren sie mit mir beim Formel-1-Rennen auf dem Nürburgring und beim Fußballpokalendspiel im Olympiastadion in Berlin, als der 1. FC Kaiserslautern Deutscher Pokalsieger gegen den Karlsruher SC wurde.

Dafür setzte das Katz-und-Maus-Spiel mit ihnen ab und an wieder ein. Lieferten mich die Polizisten abends zu Hause ab, fragten sie, ob ich das Haus noch einmal verlassen würde. Ich wusste, dass sie bei einer Verneinung Feierabend hatten. Also sagte ich eines Samstagabends, ich würde höchstens noch zu einer kleinen privaten Fete in die Nachbarschaft gehen und brauchte dabei garantiert keinen Schutz. Zwei Stunden später trafen wir zwei von ihnen mitten auf dem Mainzer Johannisfest an einem Weinstand. Natürlich versicherten wir uns, dass dieses Fest eine kleine private Feier sei und die beiden waren für den Rest des Abends unsere Gäste. Wenn wir heute einem dieser Beamten begegnen, höre ich regelmäßig, ich sei ihr angenehmstes Schutzobjekt gewesen. Ich muss sagen: Das freut mich auch noch nach Jahrzehnten.

Merke:
Polizeischutz ist wichtig und richtig. Die Beamten sind in Ordnung. Für mich war die ständige Begleitung bis hin zur Toilette aber eine Last, ihr Ende eine Befreiung.

Warum ich die CDU in Rheinland-Pfalz führen sollte

Am 24. Juni 1993 meldeten die Tageszeitungen „Der Mainzer wieder auf der Bonner Bühne". Gemeint war ich und angekündigt wurde das Ende meiner Bonner Auszeit über 10 Monate wegen meiner Krebserkrankung „Morbus Hodgkin". Ganz stimmte die Auszeit nicht, denn die Koalitionsarbeitsgruppe Innenpolitik tagte wie der Verwaltungsrat der Deutschen Welle, dessen Vorsitzender ich ebenso war, während meiner Erkrankung wiederholt in Mainz. Das war super-anständig, vermittelte dieses Entgegenkommen doch das Gefühl, dass ich nicht abgeschrieben war.

Drei Tage nach meiner letzten Bestrahlung trat Bundesinnenminister Rudolf Seiters wegen eines missglückten Polizeieinsatzes auf dem Bahnhof von Bad Kleinen in Mecklenburg-Vorpommern zurück. Sonntags kurz nach 13 Uhr rief Bundeskanzler Kohl bei mir zu Hause an und fragte, ob ich mir das Amt des Bundesinnenministers zutrauen würde. Nach kurzer Beratung im Familienkreis sagte ich ab. Eigentlich wollten mich die Ärzte nach der Krebstherapie in Kur schicken, ich wollte dagegen mit meiner Frau und meinen drei Kindern in England einen ganz normalen Familienurlaub machen. Nach meiner schweren Erkrankung sah ich mich jedenfalls nicht in der Lage, die aus dem Ruder gelaufenen Geschehnisse im Ministerium und den nachgeordneten Sicherheitsbehörden wieder in Ordnung zu bringen.

Weitere drei Tage später bat mich Helmut Kohl zu einem Vieraugengespräch ins Kanzleramt. Die CDU in Rheinland-Pfalz befand sich im freien Fall. Bei Umfragen kam sie noch auf 29% und die seit zwei Jahren regierende SPD auf 46%. In sechs Jahren hatte die CDU 23% an Zustimmung verloren. Für die Partei eine selbstverschuldete Katastrophe. Wer einen in der Bevölkerung beliebten Ministerpräsidenten Bernhard Vogel als Landesvorsitzenden abschießt, wird von den Wählern abgestraft.

Mit Kohl war ich mir rasch einig: Mit dem zwischenzeitlich installierten Landesvorsitzenden Langen und dem Landtags-Fraktionsvorsitzenden Wilhelm war der Abwärtstrend nicht zu stoppen. Beide sollten ersetzt und auf andere Posten abgeschoben werden. Also keine strittige sondern eine einvernehmliche Lösung musste gefunden werden, um die damals ohnehin geschundene Seele der rheinland-pfälzischen CDU zu schonen.

Dann kam die spannendste Frage auf: Wer kann das sinkende Schiff retten? Den folgenden Gesprächsablauf werde ich nie vergessen.

Kohl fragte: „Wer?“

Ich antwortete: „Heiner Geißler.“

Kohl: „Nein.“

Ich: „Klaus Töpfer.“

Kohl: „Nein.“

Kohl: „Johannes Gerster.“

Ich: „Nein.“

Das Spiel blieb offen und ich machte mit der Familie zum ersten Mal in meinem Leben volle fünf Wochen Urlaub. Danach sagte ich Kohl zu. Aus drei Gründen: Ich fühlte mich wieder topfit (eine leichte Fehleinschätzung, wie ich später leidvoll bemerkte). Meine Partei hatte mich während meiner schweren Erkrankung sehr anständig behandelt. Ich fühlte eine Bringschuld und wollte sie in ihrer schwierigsten Phase nicht im Stich lassen. Nach der Ablehnung des Amtes des Innenministers wollte ich Kohl keinen zweiten Korb geben.

So wurde ich im Dezember 1993 zum CDU-Landesvorsitzenden und Spitzenkandidaten für die Landtagswahl 1996 gewählt. Werner Langen zog als Abgeordneter in das Europaparlament und Hans-Otto Wilhelm als Abgeordneter in den Deutschen Bundestag ein. Beide waren weit weg von Mainz und waren beim Neuaufbau der rheinland-pfälzischen CDU aus den Füßen.

Für uns begann eine Aufholjagd bis zum Wahltag am 24. März 1996. Die SPD erreichte 39,8% der Stimmen, die CDU kam auf 38,7%, die FDP erlangte 8,9% und die Grünen zogen mit 6,9% in den Landtag. Die Wähler hatten den Vorsprung der SPD auf 1,1% verkürzt und wir hatten mit der FDP eine Mehrheit im Landtag, was bis heute bei keiner Landtagswahl mehr gelang. Die FDP zog allerdings die Fortsetzung der SPD/FDP-Koalition vor und ich fühlte mich frei, zu neuen Ufern aufzubrechen. Hätte ich geahnt, dass mein Nachfolger

Christof Böhr die Partei wieder abwirtschaften würde, wäre ich geblieben.

Merke:
Man kann nicht immer machen, was man will. Wenn man sich jedoch zu etwas entschließt, dann sollte man es gründlich und konsequent machen.

Die gute Tat von Helmut Kohl, für die Gerhard Schröder zahlte

Ein Jahr später lebten meine Frau und ich in Jerusalem. Meine politischen Posten in Deutschland hatte ich an den Nagel gehängt. Unsere drei Kinder Thomas (27), Maria (25) und Anna (21) hatten zugestimmt, dass die Eltern statt der Kinder die gemeinsame Wohnung verlassen und in ein anderes Land ziehen. Dafür sollten sie so oft nach Jerusalem kommen können, wie sie wollten. Thomas schoss den Vogel ab und tauchte achtmal für drei oder vier Tage in unserer neuen Heimat auf. Maria besuchte uns etwas später sogar mit Mann und Kindern und Anna lebte fünf Monate in unserer Jerusalemer Wohnung, um als künftige Diplominformatikerin im palästinensischen Ramallah ein Praktikum zu absolvieren.

Die Konrad-Adenauer-Stiftung hatte mich nach Israel entsandt. Sie war froh, für Israel einen Auslandsmitarbeiter gewonnen zu haben, der dort als Freund anerkannt und sogar Ehrendoktor der Ben-Gurion-Universität war. In Rheinland-Pfalz war mancher CDU-Funktionär froh, dass ich ging. Denn allzu grob war ich als Landesvorsitzender bei unserer Aufholjagd mit manchem selbstzufriedenem Kollegen umgesprungen.

In Israel wurden wir freudig willkommen geheißen. Langjährige Freunde wie Asher Ben Nathan, Dov Ben Meir, Benjamin Navon und Yssakhar Ben Yaakov organisierten Begrüßungspartys in ihren Wohnungen.

Parlamentarier wie Dan Tichon oder Gideon Esra, die sich nach den Sitzungen der Knesset überparteilich im Restaurant Finks trafen, luden mich als altbekannten Kollegen aus dem Bundestag regelmäßig zu ihren Nachsitzungen ein.

Teddy Kollek, 28 Jahre lang Bürgermeister von Jerusalem, zeigte mir ein wunderbares Grundstück im Herzen der Stadt, auf dem er als Präsident der Jerusalem Foundation ein Kongresszentrum für Juden, Christen und Moslems bauen wollte. Ich war begeistert. Der beste Geldsammler der Welt hatte bei mir schon lange den Namen Teddy Kollekte. Wie oft war ich nach seinem festen Händedruck froh gewesen, dass ich noch alle fünf Finger an meiner Hand hatte. Deshalb kam ich seiner Frage nach Unterstützung zuvor: „Was kostet es, wenn du das Zentrum nach Konrad Adenauer benennst?"

Wir waren schnell handelseinig: 3,5 Millionen Dollar und Helmut Kohl kommt zur Grundsteinlegung! Nach nur zweieinhalb Jahren hatten wir in Deutschland über 15 Millionen Mark, also mehr als das Doppelte, gesammelt und Helmut Kohl war Ehrengast der Grundsteinlegung im November 1999.

Ganz umsonst hatte Kohl diese Einladung nicht bekommen. Im Juli 1998 hatte ich ihn im Bonner Kanzleramt besucht und ihm den Entwurf eines Schreibens an Teddy Kollek vorgelegt, worin die Bundesrepublik Deutschland zwei Millionen Mark für den Bau des Konrad-Adenauer-Zentrums in Jerusalem zusagte. Natürlich war Kohl perplex über meine Chuzpe. Nach einer Stunde ließ ich den Entwurf zurück, nachdem Kohl eine Prüfung und ich mein Wiederkommen für denselben Tag gegen Abend zugesagt hatte. Erstens musste ich am nächsten Tag nach Israel zurück, zweitens würde Kohl zwei Tage später zu einem, wahlkampfbedingt, kurzen Urlaub aufbrechen.

Es kam, wie ich erhofft hatte. Gegen 18.30 Uhr wurde ich von Juliane Weber wieder zu Kohl vorgelassen. Nach einer Gardinenpredigt über meine Unverfrorenheit gab er mir einen versiegelten Umschlag für Teddy Kollek und daran hing, mit einer Heftklammer verbunden, eine offene Kopie für mich. Ich war hochzufrieden. Kohls außenpolitischer Berater Hartmann hatte zwar Kleinigkeiten verändert, aber die Summe stimmte: Zwei Millionen Deutsche Mark für das Konrad-Adenauer-Konferenzzentrum in Jerusalem! Dieses großartige Engagement des Bundes führte in der Folge dazu, dass sich fast alle Bundesländer mit Beträgen von 100 000 Mark (Thüringen) bis 500 000 Mark (Baden-Württemberg und Nordrhein-Westfalen) anschlossen. Die Landesregierung meines Bundeslandes weigerte sich. Angeblich wollte Ministerpräsident Kurt Beck kein Geld für dieses „Gerster-Denkmal" in Jerusalem ausgeben.

Das Gespräch mit Helmut Kohl im Kanzleramt hatte übrigens ein rasches Ende gefunden. Auf seine Frage, warum die Geldzusage heute so dringlich gewesen sei, hatte ich geantwortet: „Weil Sie die Bundestagswahl verlieren und Schröder dann zahlen muss."

Kohl hatte mich daraufhin hinausgeworden, aber ich hatte ja den Brief an Teddy Kollek in der Hand.

Die Zusage Kohls wurde von der Regierung Schröder nach der Bundestagswahl 1998 auf Heller und Pfennig eingelöst. Im Konrad-Adenauer-Zentrum sind demzufolge vier besondere Förderer verewigt: Die Bundeskanzler Helmut Kohl und Gerhard Schröder, Ministerpräsident Erwin Teufel als Vorsitzender der Jerusalem Foundation in Deutschland, und Johannes Gerster, Leiter der Konrad-Adenauer-Stiftung in Jerusalem.

Die Einweihung des Zentrums konnten wir im Mai 2001 mit Ehrengästen aus fast allen Bundesländern und mit Freunden der Jerusalem Foundation aus aller Welt feiern. Am Vorabend hatten wir die deutschen Ehrengäste und unter ihnen den Enkel des ersten deutschen Bundeskanzlers mit gleichem Vornamen, nämlich Dr. Konrad Adenauer aus Köln, zu einem festlichen Abendessen eingeladen.

Meine Frau saß neben Adenauer. Sie fragte ihn zu vorgerückter Stunde im rheinischen Singsang: „Herr Adenauer, sind Sie eigentlich außer Enkel noch etwas?" Diese Prüfung bestand der Kölner Rechtsanwalt, Notar und CDU-Stadtrat Adenauer gut, zumindest gewann er an diesem Abend die volle Sympathie meiner Frau.

Dafür erwischte mich das Schicksal bei der Einweihung des Konrad-Adenauer-Zentrums am nächsten Tag. Wir saßen mit 600 geladenen Gästen in der gleißenden Maisonne Jerusalems auf dem Dach des neuen Zentrums. Nach meiner Begrüßung der Ehrengäste aus Israel, Deutschland und den USA lehnte ich mich selbstzufrieden in meinem Plastik-Gartenstuhl zurück und schlief bei der Rede des Ministerpräsidenten von Baden-Württemberg, Erwin Teufel, wonniglich ein. Wach wurde ich nicht durch Beifall, sondern durch den Zusammenbruch meines Stuhles in der ersten Reihe. Spötter meinten, die Kosten der aufwendigen Feier hätten mich zu Boden gedrückt. Weit gefehlt: Durch Sparen an falscher Stelle waren zu billige Stühle für zu gewichtige Gäste angemietet worden und es hatte den Richtigen getroffen.

Merke:
In der Politik muss nicht immer der bezahlen, der bestellt hat. Wer eine gute Idee und vermögende Freunde hat, muss selbst kein Geld haben, um Großartiges umzusetzen.

Die Konrad-Adenauer-Stiftung verweigerte mir einen Diensthubschrauber

In Jerusalem fanden wir uns immer besser zurecht. Wir arbeiteten mit Partnern für die Verbesserung der deutsch-israelischen Beziehungen, für den Ausbau demokratischer Strukturen im arabischen Sektor von Israel und für den israelisch-palästinensischen Ausgleich. Obwohl Letzteres von Radikalen auf beiden Seiten öfters torpediert wurde, kamen wir mit beiden Seiten zurecht. Für meine ständigen Gespräche in den palästinensischen Gebieten boten mir die Israelis Personenschutz an, was ich dankend ablehnte. Es war die Zeit der Heckenschützen. Wäre mir ein israelisches Polizeiauto gefolgt, hätten Gewalttäter rasch erfasst, auf wen sie schießen müssen.

Probleme hatte ich nur mit den Verwaltungsmenschen in der Zentrale der Adenauerstiftung in Deutschland. Zum Beispiel wechselte der Regionalreferent für Nahost in einem Jahr dreimal. Jedes Mal musste ich von neuem erklären, dass ich nicht nur für Israel, sondern auch für israelisch-arabische Friedensprojekte zuständig war. Natürlich war ich auch ein schwer verdaulicher Brocken für Leute, die sich immer untergeordnet hatten und jetzt den Chef über einen alten politischen Fuhrmann spielen wollten. Meinen Frust über diese schmallippigen Bürohengste in Deutschland musste ich abreagieren. Am 1. April 1999 schrieb ich ihnen:

„Wie Sie vor einiger Zeit hier vor Ort erfahren haben, macht der explosionsartig angestiegene Individualverkehr auf Israels Straßen die Wahrnehmung unserer ebenfalls angestiegenen Termine unmöglich. Jeder dritte Termin kann in der Regel nicht wahrgenommen werden, weil wir im Autostau stecken.

Deshalb beantragen wir die Genehmigung eines Diensthelikopters. Dessen Benutzung macht uns auch im israelisch-palästinensischen Kooperationsprogramm von den lästigen, zeitraubenden Straßensperren und -kontrollen zwischen Israel und den palästinensischen Gebieten unabhängig.

Die israelische MGVG (Militärgeräteverwertungsgesellschaft) bietet uns einen rundumerneuerten, im Südlibanon eroberten russischen FH 211 an und garantiert eine fünfjährige Gebrauchsdauer (dies entspricht 7500 Flugstunden). Bei Reparaturbedarf, der 20% des Anschaffungspreises in einem Jahr überschreitet, ist eine Rücknahmegarantie gegen 80% Rückzahlung des Kaufpreises gesichert. Die Kosten betragen 83.500 US-Dollar, zahlbar in drei Jahresraten.

Angesichts des außerordentlich günstigen Beschaffungspreises bitten wir um rasche Genehmigung der Anschaffung."

Die Reaktion unserer Zentrale war dreifach faszinierend. Der Nahostreferent rief schon am nächsten Tag an und genehmigte mir mündlich die Anschaffung des Diensthelikopters. Noch am gleichen Tag rief der Chef der internationalen Abteilung, Josef Thesing, an und machte mich zur Sau. Ob ich denn vollständig übergeschnappt sei? Erst als ich ihn auf das Datum des Schreibens, den 1. April, aufmerksam machte, beruhigte sich dieser grundsatztreue Katholik aus dem Münsterland. Aber wirklich lachen konnte er nicht über meinen Aprilscherz.

Wieder einen Tag später schrieb uns unser Rechnungsprüfer Bernd Baumann ebenfalls unter dem Datum des 1. April:

„Im Prinzip steht dieser Anschaffung nichts im Wege, insbesondere da Sie die Nutzung und ihren wirtschaftlichen Einsatz erläutert haben.

Wir haben noch einige zu klärende Fragen:

- Wollen Sie selbst den Pilotenschein erwerben oder haben Sie schon jemand im Auge, den Sie rausfliegen lassen wollen?! – Oder wollen Sie einen Fahrer / Boten anstellen? – Dann müsste der Stellenplan erweitert werden.

- Welcher Ihrer Mitarbeiter soll außer Ihnen und dem Fahrer noch Nutzungsrecht haben?

- Wollen Sie gemischte Nutzung beantragen? (Also plus private Nutzung? Dann müssten Sie leider pro Monat DM 500,- in die Projektkasse zahlen).

Die Mittel können getragen werden aus der Reduzierung Ihrer Projektmittel oder die Mittel können aus dem Defizit von DM 3 Millionen getragen werden.

Für alle Fallgruppen möchten wir Ihnen ein kostendämpfendes Programm empfehlen z. B. durch Hilfsflüge ins Ausland für andere nichtige Regierungsorganisationen.

Wir bitten um Entscheidung und wünschen, dass Sie nicht auf- oder runterfallen mit diesem empfindlichen Gerät."

Was soll man dazu sagen? Der Höchstbezahlte hat nicht erkannt, worum es ging. Der Zweitbestbezahlte hat blind und fast servil zugestimmt. Der Mann mit dem kleinsten Gehalt hat durchgeblickt.

Merke:

1. Humor und Durchblick sind nicht an höhere Besoldungsgruppen gebunden.

2. Oft verlieren die Hochgelobten den Blick für das einfache Leben.

Wie man mit Israelis und Palästinensern zu Abend isst

Unsere Wohnung im neunten Obergeschoss mitten in Jerusalem hatte immer eine offene Tür. Wir empfingen gerne Gäste aus Israel, aus den palästinensischen Gebieten, aus Europa, Deutschland und natürlich aus Mainz. Je nach Art und Zahl der Gäste bewältigte meine Frau, mit Hand- und Spanndiensten von mir, die Bewirtung oder wir orderten Caterer, die sogar koscheres Geschirr mitbrachten. Besonders beliebt und wichtig waren unsere politischen Abendessen mit israelischen und palästinensischen Partnern.

Einmal jedoch wären wir beinahe gescheitert, nämlich bei dem Versuch, den palästinensischen mit dem israelischen Landwirtschaftsminister zusammenzubringen. Der Palästinenser wollte sich mit seinem israelischen Kollegen nicht in Ramallah zeigen, aber diesem auch nicht die Ehre seines Besuches in Jerusalem erweisen.

So bat ich unseren palästinensischen Freund Zakaria Al Qaq, meine „Allzweckwaffe" zur Überwindung palästinensisch-israelischer Probleme, zu klären, ob und wie sein Minister-Freund seinen israelischen Kollegen treffen wolle oder könne.

Seine Antwort hielt mein Assistent Lars Hänsel in einem Vermerk fest. Dieses Papier sagt viel über nahöstliche Mentalitäten aus, deswegen zitiere ich es ungekürzt:

„Zakaria al Qaq empfiehlt für eine Einladung des

palästinensischen Landwirtschaftsministers nach Rücksprache mit diesem folgendes:

1. Eine Einladung zu Ihnen nach Hause würde höher geschätzt als eine Einladung in ein Restaurant.
2. Eine Einladung zum Abendessen wäre deshalb besser, weil die Gesprächsatmosphäre entspannter ist. („Der Minister hat unendlich viel Zeit, solange es genügend Frauen gibt.“)
3. Der Minister bevorzugt eine Einladung am Samstagabend.
4. Bezüglich des Essens sei eine Fleischmahlzeit (ohne besondere konkrete Wünsche) zu empfehlen, wobei für den Minister auch das alkoholische Getränkeangebot von besonderer Wichtigkeit ist. (Insbesondere ist ein ausreichendes Whiskyangebot willkommen.)
5. Zakaria al Qaq und Gershon Baskin (die beiden Direktoren unseres israelisch-palästinensischen Partners IPCRI) sollten eingeladen werden. Es herrscht nach Aussage von Zakaria al Qaq ein freundschaftliches Verhältnis zwischen ihm, Gershon und dem Minister. Es sei keineswegs zu befürchten, dass der Minister den Eindruck haben könnte, die Aufmerksamkeit würde durch die Anwesenheit von Zakaria und Gershon von ihm abgelenkt.
6. Der Minister möchte seinen Deutsch sprechenden Berater Walid Abed Raboh mitbringen, evtl. noch einen weiteren Berater, den er ggf. noch benennt.
7. Der Minister hat nichts dagegen, wenn der israelische

Landwirtschaftsminister eingeladen wird. Wenn er eingeladen wird, sollten von israelischer Seite nicht mehr als insgesamt zwei Leute kommen.
8. Es sei nicht empfehlenswert, die Ehefrauen mit einzuladen. Die Offenheit der Gespräche könne dadurch gefährdet sein.
Zakaria al Qaq bietet an, den israelischen Landwirtschaftsminister einzuladen.“

Ich muss gestehen, diesen Vermerk musste ich zweimal lesen und wusste danach immer noch nicht, ob ich lachen oder weinen sollte. Wir versuchten mit viel Kraft, Zeit und Energie Vertreter zweier verfeindeter Völker an einen Tisch zu bringen und dann war die Anwesenheit von Whisky und von genügend Frauen, aber nicht der Ehefrauen, offenbar von entscheidender Bedeutung.

Der zweite Gedanke war: Sag das Ganze ab. Mit solchen Leuten gewinnst du keine Schlacht. Der dritte Gedanke: Mach gute Miene zum bösen Spiel, mach, was er will, versuche es wenigstens, beide Seiten zusammen zu bringen.

Das Abendessen fand statt, ganz wie es der Palästinenser gewollt hatte. Beide Minister gaben sich unkompliziert. Die Stimmung war gut, der Abend lang. Das, was wir wollten, den Weg zu einem Nahost-Agrarmarkt mit Israelis, Palästinensern, Ägyptern und Jordaniern zu ebnen, scheiterte allerdings trotz weiterer Bewirtungsaktionen, bevor ein Jahr vergangen war.

Merke:
Manchmal muss man unkonventionelle Wege gehen, um Außergewöhnliches zu erreichen. Und doch scheitert der beste Plan nicht selten am Mangel an Mut und gutem Willen.

Unsere Tochter Anna belehrte Yad Vashem

Unsere Tochter Anna absolvierte im Jahre 2000 als Informatikstudentin ein fünfmonatiges Praktikum bei einer Computerfirma in Ramallah, die ein Joint Venture mit einer Firma in Tel Aviv eingegangen war. Annas tägliche Fahrten von Jerusalem, wo sie bei uns Quartier bezogen hatte, nach Ramallah waren alles andere als ungefährlich. So mussten auf der 12 km langen Fahrt bis zu vier Straßensperren überwunden werden, wo es nicht selten zu Auseinandersetzungen zwischen palästinensischen Steinewerfern und der israelischen Armee kam. Dabei erlebte sie hautnah den Ausbruch erster Gewalttaten, die im Jahre 2000 zur zweiten Intifada, dem Aufstand der Palästinenser gegen die Israelis, führten. Meine Frau und ich machten uns gegenseitig Vorwürfe, dass wir Anna diesem „Feuer" ausgesetzt hatten. Ein Abbruch ihres Praktikums kam für sie nicht in Betracht. Als sie nach Mainz zurückkehrte, waren wir erleichtert, dass sie Praktikum plus Gewalt heil überstanden hatte.

An einem ihrer freien Tag hatte sie die israelische Holocaustgedenkstätte Yad Vashem besucht und war am Abend betroffen zurückgekommen. So klagte sie über ein Transparent am Eingang des alten Museums: „Die Deutschen haben uns Juden ermordet." mit der Feststellung, „mit dieser Verallgemeinerung habe auch ich Juden umgebracht".

Ich riet ihr, sich nicht bei uns, sondern beim zuständigen Direktor von Yad Vashem, Yohanan Bein, zu beschweren. Darauf folgte ein Briefwechsel zwischen Anna und Yohanan, welcher dazu führte, dass das Transparent verschwand und auch im später eingeweihten neuen Museum nicht mehr auftauchte. Nicht alle Deutschen waren Naziverbrecher, die Jugendlichen von heute sind es schon gar nicht, der Gerechtigkeitssinn Annas hatte sich durchgesetzt. Yohanan Bein sagte mir Jahre später: „Wenn alle jungen Deutschen so mutig wie deine Tochter sind, habe ich keine Sorge um die deutsche Demokratie.“

Merke:
Mir hat Annas Aktion gefallen. Und sie bewies damit, dass man auch mit heiklen, fast aussichtslosen Widersprüchen Erfolg haben kann.

Der Beduinenfürst mit den 25 Kindern

Fragt man den Mann auf der Straße, was ihm zu Israel einfällt, wird er wahrscheinlich sagen: Konflikte, Konflikte, Konflikte! Fragt man ihn weiter, werden ihm an zweiter Stelle orthodoxe Juden in schwarzen Kleidern mit großem Hut und Schläfenlocken einfallen. Beides erlebt man in Israel und beides ist so typisch für Israel wie Lederhosen und Hofbräuhaus für Bayern.

Israel ist ein moderner Industriestaat mit einer europäischen Gesellschaftsordnung. Es ist ein demokratischer Rechtsstaat, der einzige im Nahen Osten. Die Bevölkerung ist äußerst bunt und multikulturell. 75% sind Juden, 20% Moslems, 5% Christen und andere. Juden wanderten seit 1948 aus über 100 Ländern ein. Oft waren diese Zuwanderer mit der Kultur ihres bisherigen Heimatlandes, in welchem ihre Vorfahren Jahrhunderte lang gelebt hatten, mehr verbunden als mit der Kultur des neuen Israel. Dieses Land ist ein Hightech-Land, daneben findet man vor allem im arabischen Bevölkerungsteil altertümliche Strukturen. Lamborghini neben Eselskarren, das kann man in Jerusalem sehen. Unübersehbar unter den Arabern sind die Drusen und Beduinen. 58% des Landes nimmt die Wüste Negev ein, in der nur 10% der israelischen Bevölkerung leben, wovon etwa die Hälfte Beduinen sind. Diesen kam ich durch unsere Zusammenarbeit mit der Ben-Gurion-Universität und deren damaligem Präsidenten, Avishai Bravermann, näher.

Mit dem Universitätszentrum für Beduinenforschung gaben wir ein Jahrbuch heraus, das über die soziale Lage der Beduinen aufklärte und Vorschläge zur Verbesserung ihrer Lebensbedingungen unterbreitete. Auch halfen wir durch ein spezielles Förderprogramm jungen Beduinen, den Sprung an die Ben-Gurion-Universität zu schaffen. Studierten bei unserer Ankunft in Israel Mitte 1997 gerade einmal 53 Beduinen an der Universität, waren es neun Jahre später über 600. Heute bereiten sich 1200 Beduinen dort auf einen akademischen Beruf vor. Bei keinem anderen Projekt können wir den Erfolg mathematisch so exakt nachweisen. Dabei leben diese Studenten in der Regel in zwei Welten: in der hochentwickelten, modernen israelischen Universität und in ihrer Freizeit nicht selten in der alten Familienkultur eines Beduinenzeltes.

Kopf und Motor unseres beduinischen Förderprogramms war Professor El Krenavi, ein Beduine, der es in den Lehrkörper der Universität geschafft hatte. Er lud uns zu einem Familienfest in den Negev ein. Was wir erlebten, sprengte unsere Phantasie. Seine Familie bevölkerte ein ganzes, ihr eigenes Dorf. Der Vater, dessen 80. Geburtstag wir mitfeierten, hatte fünf Frauen, von denen vier noch lebten, und 24 Kinder. Mit Enkelkindern kam er auf 142 Nachfahren, die allerdings aus beruflichen Gründen nicht alle im Dorf geblieben waren, aber zur Ehrung ihres Vaters und Großvaters, teilweise aus dem Ausland, angereist waren. Als ich dem Vater bei unserer ersten Begegnung zu seinem Enkel auf seinem Arm gratulieren wollte, verbesserte er mich: Nein, nein, das sei nicht sein Enkel, sondern sein jüngster Sohn, sein 24. Kind.

Im Laufe des Abends kamen wir uns bei gutem Hammelfleisch, Reis und unzähligen Salaten immer näher. Der 80-Jährige erklärte mir allen Ernstes: „Ich habe jetzt 142 Kinder und Enkel und will 12 x 12 Nachkommen haben. Sollten meine Söhne schlapp machen, muss ich noch einmal einspringen."

Tatsächlich rief mich sein Sohn, unser Partner an der Universität, ein Jahr später an und verkündete mir stolz, das 25. Kind seines Vaters, eine Tochter, sei gerade auf die Welt gekommen.

Merke:
In dem jüdischen Staat Isreal leben sehr unterschiedliche Kulturen nebeneinander. Mein Fazit aus dieser Beobachtung klingt verführerisch einfach: Die Welt kann nur zum Frieden kommen, wenn unterschiedliche Kulturen miteinander auskommen können.

Israel und der Terror

Während unserer neun Jahre in Jerusalem gab es zwei Termine, die ich jedes Jahr in Mainz verbrachte: Weihnachten und Fastnacht. Klar wollte ich zu Weihnachten im Mainzer Dom sein. Und genauso war es am Rosenmontag: Ich wollte als Ranzengardist im Zug sein. Bei beiden Gelegenheiten lud sich mein Akku für den Rest des Jahres auf.

Als die Stiftung unsere Geldwirtschaft in Jerusalem kontrollierte und das an Fastnacht, war ich in Mainz. Wir hatten nichts zu vertuschen und ich hatte einen Vertreter, also war mir der Rosenmontag in Mainz wichtiger als unsere Kontrolleure in Jerusalem. Gefunden haben sie nichts, was man hätte beanstanden können. Meine Entscheidung für die Mainzer Fastnacht und gegen die Kontrolleure war daher richtig.

Voraussehbares Ritual bei unserem Auftauchen in Mainz oder wo immer in Europa war die Frage: „Wie haltet ihr den Bombenterror in Jerusalem aus?"

Sie war nicht leicht zu beantworten. Israel wurde seit seiner Gründung im Jahre 1948 von seinen arabischen Nachbarn attackiert, auch vor der Besetzung palästinensischer Gebiete, auch vor den ersten israelischen Siedlungen. Hier werden Ursache und Wirkung des israelisch-palästinensischen Konfliktes oft verwechselt. Würde die arabische Welt das Existenzrecht Israels anerkennen, würde Israel einem palästinensischen Nachbarstaat zustimmen.

Seit dem Ausbruch der zweiten Intifada im Oktober 2000 war in Jerusalem die Hölle los. Unsere Mitarbeiter haben mitgezählt. In 30 Monaten gab es im Umkreis von 300 Metern rund um unser Wohnhaus 46 Bombenanschläge mit über 150 Toten und vielen hundert Schwerverletzten. Sarkastisch redeten wir von der Bombenstimmung in Jerusalem und gingen wie alle Israelis äußerlich unberührt zur Tagesordnung über. Die Terroristen sollten unser Leben nicht bestimmen. Das war leichter gesagt, als getan. Und auch nicht die ganze Wahrheit. Angst war auch unser täglicher Begleiter.

So sind wir in neun Jahren nicht ein einziges Mal mit öffentlichen Verkehrsmitteln gefahren, denn diese waren ein beliebtes Angriffsziel von Selbstmordattentätern. Auf dem größten orientalischen Markt in Jerusalem, dem Mehane Yehuda Markt, wo wir vor den Wochenenden gerne einkauften, waren wir donnerstags erst nach 21 Uhr anzutreffen. Zu dieser späten Stunde explodierten keine Bomben mehr.

Natürlich bewahrte uns unsere Vorsicht nicht vor gefährlichen Situationen. Meine Frau Regina wurde in der King George Street, 300 Meter von unserer Wohnung entfernt, Zeugin eines Bombenanschlages. Wäre sie drei Sekunden früher an der Explosionsstelle gewesen, wäre sie nicht Zeugin, sondern Opfer geworden. Oder: Wir beide fuhren mit unserem Auto von Hebron, an der ultraorthodoxen Siedlung Kiryat Arba vorbei, auf der Straße 60 nach Jerusalem. Dort kommt man durch eine kleine Schlucht. Plötzlich flog von oben ein riesiger Stein auf uns zu. Ich gab intuitiv Gas wie verrückt und der Stein schlug hinter unserem Kofferraum auf den Boden. Wäre dieses „Geschoss“ in unsere Frontscheibe geflogen, wir hätten bei etwa 80 km/h keine Überlebenschance gehabt. Und wie oft wurden wir von der Polizei in unserem Büro eingesperrt, weil in unserer Nachbarschaft Bomben explodiert waren und Spuren gesichert werden mussten.

Natürlich hat uns der Terror im Heiligen Land genervt, aufgeregt, empört. Dennoch dachten wir kein einziges Mal an die vorzeitige Beendigung unseres Aufenthaltes. Dazu war ich viel zu sehr in meine Arbeit versunken, Regina in soziale Projekte eingespannt und wir beide in privaten und offiziellen Freundschaften und Verbindungen eingewoben. Wir gehörten einfach dazu und wollten nichts und niemanden im Stich lassen.

Ernsten Zweifel an der Sinnhaftigkeit unseres Nahostengagements nährte unser Sohn Thomas, der wieder einmal in Jerusalem sein Zelt aufgeschlagen hatte. Spätabends saßen wir bei ausgezeichnetem israelischen Rotwein zu Hause, als eine Bombe in 250 Meter Entfernung explodierte. Beim Eintreffen der Rettungskräfte explodierte dort eine zweite Bombe. Thomas verließ gegen unseren Protest das Haus. Er sah sich das ganze Elend an und kam zurück. Am nächsten Morgen beim Frühstück das gleiche schreckliche Spiel mit zwei Bomben hintereinander, fast an derselben Stelle. Thomas blieb dieses Mal und wieder sahen wir Rauch und Flammen vor unserem Wohnzimmerfenster aufsteigen.

Unser Sohn erklärte: „Was wollt ihr hier noch? Packt die Koffer und fliegt mit mir zurück!“ Sein Hinweis, wir hätten auch Pflichten gegenüber unseren Kindern in Deutschland, schmerzte und wir schwankten. Doch wir blieben. Heute ertappe ich mich manches Mal bei der Frage, ob wir damals verrückt waren. Denn wir hatten danach noch ganz harte Zeiten zu bestehen.

Merke:

1. Wer schwache Nerven hat, sollte den Nahen Osten meiden. Wer starke Nerven hat, wird dort auf beiden Seiten wunderbare Menschen kennen- und schätzen lernen.

2. Die Mehrheit will den Frieden, radikale Brutalos verhindern ihn.

Diplomatie muss Mauern überwinden

Wer sich im Nahen Osten auf das glatte Parkett israelisch-palästinensischer Begegnungen begibt, muss wissen, dass Prestigedenken eine große, manches Mal sogar die größte Rolle spielt. So wurde bei unseren Projekten immer peinlich darauf geachtet, dass beide Seiten, Israelis und Palästinenser, mit gleich großen Delegationen eingeladen wurden, dass beide Seiten gleich gewichtig platziert wurden und gleich lange Redezeiten erhielten, damit an keiner Stelle der Verdacht entstehen konnte, eine Seite werde bevorzugt. Wenn gegen diese Grundregeln verstoßen wurde, drohten langatmige Geschäftsordnungsdebatten oder im schlimmsten Fall das vorzeitige Ende der Tagung, bevor sie richtig begonnen hatte.

Im deutsch-israelischen Kontext waren derartige Streitereien um Formalien längst überwunden. Persönlichkeiten wie Shimon Peres, Teddy Kollek, Asher Ben Nathan, Dov Ben Meir und weitere „Vorkämpfer“ für den Ausbau der deutsch-israelischen Beziehungen sahen über solche Kleinkrämereien hinweg. Ihnen ging es um die Sache, nicht um Formalitäten und Eitelkeiten.

Ganz anders die frühere israelische Justizministerin Tzipi Livni, die spätere Außenministerin und Vorsitzende der von Ariel Sharon gegründeten Kadima-Partei. Anlass war die von der Deutsch-Israelischen und Israelisch-Deutschen Juristenvereinigung mit Unterstützung der Konrad-Adenauer-Stiftung in Jerusalem organisierte Jahrestagung 2005. Anreisen sollten über 150 Spitzenjuristen aus Deutschland, um sich mit ebenso vielen israelischen Juristen vier Tage über die Funktion der Obergerichte, die Parteisysteme und die Verhältnisse zwischen Religion und Staat in beiden Ländern auszutauschen. Sprengstoff lag bereits in diesen Themen, eine Explosion drohte allerdings auf diplomatischem Feld.

Schirmherrinnen dieser Konferenz waren die israelische und die deutsche Justizministerin, Tzipi Livni und Brigitte Zypries, die an der Konferenz auch teilnehmen würden. Zunächst bemühte sich jedoch die deutsche Botschaft um ein Treffen der Bundesjustizministerin mit ihrer israelischen Kollegin im Vorfeld der Konferenz. Dies entsprach internationalen Gepflogenheiten. Besucht ein Kabinettsmitglied eines Landes ein anderes Land, ist der Besuch des dortigen Fachkollegen üblich. Das israelische Ministerium bot das Treffen zur gewünschten Zeit im israelischen Ministerium im Ostteil von Jerusalem an. Daraufhin erklärten die diplomatischen Herrschaften, Deutschland würde den Osten von Jerusalem nicht als Teil von Israel anerkennen, deshalb könne die deutsche nicht die israelische Justizministerin in ihrem Ministerium treffen. Statt den nun drohenden Eklat durch ein klärendes Gespräch zu entschärfen, brachte Livni diese weltbewegende Sache in die sonntägliche Sitzung des israelischen Kabinetts, das einstimmig beschloss, Livni solle Zypries nicht treffen.

Erst jetzt, als das Kind bereits im Brunnen lag, erfuhren wir als Mitveranstalter von diesem ärgerlichen Vorfall. Natürlich nutzte ich meine Beziehungen zum israelischen Premierministeroffice, bot ein eher privates Treffen beider Ministerinnen in meiner Wohnung, im Konrad-Adenauer-Konferenzzentrum oder in unserem Stiftungsbüro an. Frau Livni fühlte sich durch den selbst herbeigeführten Kabinettsbeschluss gebunden und war nicht bereit, auch nur einen Millimeter nachzugeben.

Die Konferenzeröffnung mit Grußworten beider Schirmherrinnen stand bevor. Frau Livni ließ mitteilen, sie käme eine Stunde später, ihre deutsche Kollegin solle nach ihr sprechen und erst nach ihrer Rede auf dem Podium Platz nehmen. Dadurch sollte ein direktes Treffen vermieden werden. Natürlich stellten wir das Programm um und die Grußworte der beiden Schirmherrinnen nach hinten. Aber ich sorgte dafür, dass Frau Zypries von Beginn an rechts neben mir auf dem Podium Platz nahm. Als Frau Livni endlich ankam, wurde sie auf den freien Platz links neben mir geleitet. Bevor sie hinter ihrem großen Namenschild Platz nehmen konnte, hatte ich die rechte Hand von Frau Zypries ergriffen und mit der rechten Hand von Frau Livni zusammengeführt. Und genau dieses Bild war am nächsten Tag in der israelischen Presse zu bestaunen. Eine überraschte Livni, eine freundliche Zypries und die öffentliche Widerlegung eines bereits in den Kulissen verbreiteten Zickenduells.

Tzipi Livni, der ich das Wort auf der Konferenz erteilt hatte, würdigte mich keines Blickes. Später ließ sie mir mitteilen, so etwas würde ich mit ihr kein zweites Mal machen. Ihr Einfluss auf die israelische Politik hat sich inzwischen marginalisiert. Dabei hatten israelische Medien Tzipi Livni vor Jahren mit der einzigen israelischen Premierministerin, Golda Meir, verglichen. Mit Kleinkariertheit ist jedoch kein Staat zu machen.

Die Deutsche Botschaft hat sich in diesem Fall auch nicht mit Ruhm bekleckert. Wie viele deutsche Minister hatten wir bereits mit Vertretern der israelischen Regierung im Osten der Stadt Jerusalem zusammen gebracht? Ohne großes Tamtam und ohne Presse.

Merke:
1. Diplomatie hat Mauern zu überwinden und nicht aufzubauen.
2. Man muss über den eigenen Schatten springen können, wenn man etwas erreichen will.

Der Hauptfinanzier der israelischen Polizei geht

Unsere Israel-Jahre endeten am 25. Januar 2006 mit einem Empfang im King David Hotel in Jerusalem. Eingeladen hatte der Vorsitzende der Konrad-Adenauer-Stiftung, Bernhard Vogel, der zu meiner Verabschiedung und zur Einführung meines Nachfolgers, Lars Hänsel, angereist war. Die großen Räume des ersten Hotels im Lande waren umgerüstet worden und dennoch drängten sich 750 Gäste auf zu engem Raum. Vogel lobte mich in den höchsten Tönen, der Jerusalemer Bürgermeister Uri Lupolianski verlieh mir den vom Stadtrat einstimmig beschlossenen und ganz selten vergebenen Titel „Freund von Jerusalem", Botschafter Asher Ben Nathan verlas eine Laudatio des Friedensnobelpreisträgers Shimon Peres und für unsere Partner sprachen die Vorsitzende des israelischen Frauennetzwerkes, Rina Bar-Tal und der Direktor des israelisch-palästinensischen Bildungsforums MECA, Dr. Ghasan Abdullah aus Ramallah. Dass der Palästinenser Abdullah in dieses Hotel gekommen war und dort sprach, war eine große Geste, gilt das King David Hotel doch als Symbol arabischer Unterdrückung durch die britische Mandatsmacht und durch die israelische Regierung.

Den Vogel schoss allerdings der israelische Minister für Innere Sicherheit, mein alter Freund Gideon Esra, ab. Er stand nicht auf der Rednerliste, was ihn nicht hinderte, das Wort zu ergreifen und mich über den grünen Klee zu loben und zu sagen: „Ich verstehe die Rückkehr von Johannes Gerster nach Deutschland, denn er wurde in den letzten Jahren mehrfach Großvater und das muss man aus der Nähe genießen können. Zugleich bedauere ich seinen Abschied aus Israel aus drei Gründen:

1. Er ist seit Jahrzehnten ein guter Freund von mir.
2. Seine Arbeit hier im Lande ist hervorragend.
3. Mit ihm verlässt der beste Finanzier der israelischen Polizei das Land."

Letzteres wurde von Gideon Esra im Laufe des Abends aufgeklärt. Ich hatte in meinen israelischen Jahren nicht selten die Verkehrsregeln gebrochen. Nichts Unsinnigeres hatte unser privates Konto mehr belastet als Strafmandate, die in Israel ins Geld gehen. Als verlässlichem Wiederholungstäter hätte mir mehrmals der Führerschein abgenommen werden müssen. Doch der Minister hielt die Hand über mich. Seine behördeninterne Erklärung: Der Gerster geht wieder nach Europa zurück, lasst ihn bis dahin weiterfahren und weiterzahlen. In Deutschland wäre derartiges unmöglich, im Nahen Osten ist so etwas durchaus Realität.

Warum ich mich mit ihm freundschaftlich verbunden fühlte, hatte allerdings einen anderen Grund: Während seine Partei, der Likud, unseren israelisch-palästinensischen Arbeitsgruppen distanziert bis ablehnend begegnete, war Gideon Esra von Anfang an dabei. Sein Credo: Wir müssen mit den Palästinensern zu einem Ausgleich ohne Gewalt kommen. Vielleicht ist die Zeit dafür noch nicht reif. Aber wir müssen es wenigstens versuchen. Das war auch meine Meinung. Er und seine aus Neuseeland stammende Frau Anne waren weltoffen und für Mitglieder des Likud außerordentlich liberal und Gideon war für Überraschungen immer gut. Hier ein Beispiel:

Wir hatten eine Delegation von Likud-Abgeordneten nach Deutschland eingeladen, um immer noch bestehende Barrieren zwischen dieser Partei und der deutschen Politik abzubauen. Nach Terminen in Mainz und Stuttgart waren wir in Berlin gelandet und saßen abends mit Mitgliedern der deutsch-israelischen Parlamentariergruppe im altehrwürdigen Reichstagspräsidentenpalais, einer Art Clubhaus des Bundestages, zusammen. Dort war mit Kristallgläsern, Silberbesteck und edlem Porzellangeschirr auf weißen Tischtüchern mit Stoffservietten zum festlichen Dinner gedeckt worden. Natürlich war für absolut koscheres Essen und Trinken gesorgt.

Nachdem Gideon Esra dies der zweisprachigen Menuekarte entnommen hatte, knurrte er mich an: „Jetzt bin ich den vierten Tag in Deutschland und muss ständig koscher essen. Kann man hier eine Curry-Wurst bekommen?“ Natürlich hatte dieses vornehme Haus keine Curry-Wurst. Also sorgte ich dafür, dass ein Kellner zu einer Berliner Imbissbude fuhr und das Gewünschte besorgte. Beim Hauptgang kamen – wie von mir gewünscht – auf einem Silbertablett, dargereicht in Pappkartons, zwei Curry-Würste, zweimal Pommes frites und dazu die üblichen kleinen Kunststoffgäbelchen. Gideon missachtete nicht nur die exzellenten Kochkünste des Hauses, sondern auch das Silberbesteck und aß genüsslich mit Gäbelchen zweimal Curry-Wurst und Pommes frites, zur Verwunderung der livrierten Kellner, zum Entsetzen seiner Parlamentskollegen aus Israel und Deutschland, zu meinem Vergnügen.

Zurück zu meiner Abschiedsfeier: Natürlich gingen wir nach diesem rauschenden Fest im King David Hotel und einer zünftigen Nachfeier im benachbarten Konrad-Adenauer-Konferenzzentrum nicht mehr ins Bett. Wir flogen früh morgens nach Berlin zu Freunden und zur nächsten langen Nacht, der Berliner Museumsnacht.

Meine Frau hat Israel ungern verlassen. Mir haben neun Jahre gereicht. Letztlich stellte sich die Frage einer Verlängerung nicht, weil der 74-jährige Vorsitzende der Stiftung, Bernhard Vogel, meinte, ich sei mit 65 Jahren reif für die Pensionierung.

Merke:
Neun Jahre Israel. Dazu passt das jüdische Sprichwort: Es war gut. Gut, dass es war.

Papst Benedikt XVI. und das Mainzer Prinzenpaar

Nach der Fastnachtskampagne 2000 hatte mich der Präsident und Generalfeldmarschall der Mainzer Ranzengarde, Robert Sachse, in Jerusalem angerufen und gebeten, sein Nachfolger in beiden Funktionen zu werden. Bei einem Treffen in seiner Mainzer Wohnung erklärte ich, dass ich noch Jahre in Jerusalem zu tun habe und deshalb den Ganzjahresjob eines Präsidenten in Mainz nicht übernehmen könne. Gegen meine Zusage, wenigstens die Garde an den Fastnachtstagen als Generalfeldmarschall in die närrische Schlacht zu führen, akzeptierte Sachse den von mir favorisierten Lothar Both als Präsidenten. So wurde ich am 6. Januar 2001 als Generalfeldmarschall der Mainzer Ranzengarde im Kurfürstlichen Schloss zu Mainz „inthronisiert".

2012 stand das 175-jähriges Jubiläum der Ranzengarde an. Dazu beendeten wir ein ungeschriebenes Gesetz der Mainzer Fastnacht. Dieses besagt: In Mainz gibt es nur bei ganz besonderen Anlässen ein Prinzenpaar und dieses stellte immer der Mainzer Carneval Verein (MCV).

Der besondere Anlass dieses Mal war das Jubiläum der Ranzengarde, die als erste Mainzer Fastnachtskorporation den Ehrentitel „Mutter aller Garden" trägt. Da der MCV keine Anstalten machte, uns zur Ehre ein Prinzenpaar zu berufen, beriefen wir selbst ein Prinzenpaar. Die Wahl fiel auf unsere jungen Mitglieder

Johannes Both und Anne Marie Kusche. Diese beiden vermittelten mit ihrem Hofstaat in über 100 Auftritten weit über Mainz hinaus Lebensfreude pur und kamen bestens bei den Menschen an. Sie waren das erste singende Prinzenpaar in der 175-jährigen Geschichte der Mainzer Fastnacht. Sie durften als erstes Mainzer Prinzenpaar auf die Bühne des Kölner Gürzenich und erstmals empfing eine Bundeskanzlerin, Angela Merkel, in Berlin das Mainzer Prinzenpaar.

Höhepunkt war allerdings die Teilnahme an einer Audienz von Papst Benedikt XVI. in Rom. Wir begleiteten unser Prinzenpaar mit 6 x 11 uniformierten Gardisten, saßen in der Generalaudienz vor allen anderen 8000 Teilnehmern in den ersten Reihen, wurden öffentlich begrüßt und dankten zum Entsetzen weniger und zur Freude fast aller dem Papst mit einem dreifach donnernden Helau. So etwas hatte diese riesige Audienzhalle garantiert noch nicht erlebt und schon gar nicht gehört.

Nach der Audienz gehörten das Prinzenpaar und ich zu den wenigen Auserwählten, die dem Papst persönlich vorgestellt wurden. Ich erklärte, dass der Prinz aktiver Sänger des Mainzer Domchores sei und die Prinzessin Obermessdienerin in Mainz-Bretzenheim und fügte hinzu: „Heiligkeit, wir sind sehr gute Katholiken. Sie können in Rom beschließen, was Sie wollen, wir bleiben katholisch.“ Darauf reagierte der als eher kühl beschriebene Papst mit einem herzlichen Lachen. Als ich noch hinzufügte: „Nach Fastnacht fasten wir bis zur

Osternacht. An mir können Sie sehen, wie notwendig das ist!", freute er sich noch mehr und bemerkte, das sei sehr gut. So fröhliche Besucher wie uns liebe er besonders.

In seiner Umgebung kam unser Auftritt wohl nicht so gut an, wie die eisigen Mienen der Prälaten und Monsignori verrieten.

Übrigens berichtete die Presse regional und überregional über diesen Auftritt der Mainzer Ranzengarde in Rom, „die mit ihren prachtvollen Uniformen an diesem Tag die Schweizer Garde in den Schatten stellte."

Der päpstliche Segen hat der Garde nicht geschadet. Sie hat sich in den letzten Jahren von 400 auf 800 Mitglieder verdoppelt.

Merke:

1. Dass der konservative Papst Benedikt das Prinzenpaar der Mainzer Ranzengarde persönlich empfängt, war kein Wunder, sondern das Ergebnis von elf Monaten Strippenziehen.

2. Diese Erfahrung zieht sich wie ein roter Faden durch mein Leben und deshalb auch durch dieses Buch: Wenn du etwas erreichen willst, bohre dicke Bretter!

Politik geht anders. Eine kritische Betrachtung

Nachdem ich Typen und Mythen aus vierzig Jahren beleuchtet habe, könnte ich dieses Buch schließen. Politik besteht aber nicht aus abgeschlossenen Kapiteln, Politik geht weiter, wie das Leben weitergeht.

Deshalb ergänze ich diese Beschreibung politischer Persönlichkeiten mit einem Blick auf die aktuelle Politik in Deutschland. Den ersten Teil erlebte ich als politischer Akteur, den zweiten Teil als kritischer Beobachter, der Politik nicht gestaltet, sondern Politiker allenfalls berät (und dies nicht selten erfolglos).

Die Spannung zwischen großen Persönlichkeiten von gestern und der Politik von heute ist beachtlich und beabsichtigt.

Wenn man Abend für Abend die Nachrichten des Tages verfolgt, gewinnt man den Eindruck: Die Welt ist aus dem Ruder gelaufen. Krisen und Kriege in aller Welt entsetzen und überfordern uns. Keine Ordnungsmacht hält den Zerfall zahlreicher staatlicher Strukturen vor allem im Nahen Osten und in Afrika auf.

Die Europäische Union, die seit Gründung der Europäischen Wirtschaftsgemeinschaft durch die Römischen Verträge im Jahre 1957, vor exakt 60 Jahren, wuchs und wuchs, hat erstmals den Rückwärtsgang eingelegt. Sie wirkt gelähmt und gefährdet.

Drohen uns Weimarer Verhältnisse?

Deutschland war – dank starker Volksparteien – immer ein Hort politischer Stabilität und geht offensichtlich dem Ende seiner Volksparteien entgegen.

Wer Letzteres anzweifelt, sollte sich das Ergebnis der Landtagswahlen in Sachsen-Anhalt vom 13. März 2016 ins Gedächtnis rufen. Auf die rechtsradikale AfD entfielen 24,2%, Die Linke, teilweise Nachfolgepartei der früheren SED in der untergegangenen DDR, kam auf 16,3% und zusammen kamen diese beiden Rechts- und Linksaußen auf 40,5% der Wählerstimmen. Die CDU erreichte 29,8%, die SPD kam gerade noch auf 10,6% und die Grünen auf 5,2%. Mit zusammen 45,6% bildeten diese drei „Verliererparteien" eine schwarz-rot-grüne Regierungskoalition. Hätten die Grünen einige hundert Stimmen weniger und damit 4,9 statt 5,2% der Stimmen bekommen, wäre nur eine Minderheitsregierung oder eine Regierung mit Rechts- oder Linksradikalen möglich gewesen.

Das nenne ich fast schon Weimarer Verhältnisse. Rechts- und Linksradikale verhinderten damals bürgerliche, demokratische Mehrheiten und läuteten damit das Ende der Weimarer Republik ein. Das Ergebnis ist bekannt: Die Nationalsozialisten kamen an die Macht, zerstörten die Demokratie und stürzten erst Deutschland und mit dem Zweiten Weltkrieg ganz Europa in den Abgrund.

Und wie reagieren die demokratischen Parteien heute?

Sie beklagen die Stärke der rechtsradikalen Alternative für Deutschland (AfD) fast bis zur Wählerbeschimpfung, statt zu fragen, was sie falsch machen, wenn Rechts- und Linksaußen so stark werden. Bei selbstkritischer Recherche würden sie erkennen: Zu viele Bürgerinnen und Bürger fühlen ihre Interessen durch die klassischen Volksparteien nicht genügend vertreten. Sie wählen solche, die ihnen nach dem Mund reden und lassen die links liegen, die selbstzufrieden den Zug der Zeit verschlafen. Diese Entwicklung ist kein Automatismus. Sie kann umgekehrt werden, wenn die klassischen Parteien umdenken. Sie müssen sich nicht neu erfinden, aber sich von Grund auf reformieren.

Demokratie lebt vom Wettbewerb der Ideen, Meinungen, Konzepte, von der Konkurrenz der Besten, die mit Leidenschaft die Welt verbessern wollen, sie lebt vom Mut, vom Kampf und der Bereitschaft zu dienen.

Die Erosion der Volksparteien

Die Parteien der Koalition werden auf Bundesebene seit 2007 von einer Krise zur anderen Krise getrieben, dabei bleibt die konzeptionelle Ausrichtung der Parteien auf der Strecke. Was waren das für Zeiten, als Generalsekretäre wie Kurt Biedenkopf und Heiner Geißler die Union aus der programmatischen Erstarrung lösten, ihr eine neue Ausrichtung und ein markantes Profil verschafften! Heute wird die pragmatische Regierungspolitik von Angela Merkel als alternativlos bezeichnet und bei ständiger Krisenbewältigung der analytische und programmatische Verstand ausgeschaltet. Derweil trocknen CDU/CSU und SPD inhaltlich aus. Haben Sie von den Generalsekretären dieser beiden Parteien irgendeinen weiterführenden Vorschlag in Erinnerung? Wissen Sie überhaupt wie diese Leute heißen? Und was ist mit den beiden Parteivorsitzenden? Angela Merkel macht ihren Regierungs-Job gut, aber ihr Interesse an der Partei lautet: Bitte nicht stören! Siegmar Gabriel war widersprüchlich in Regierung und Parteiführung. Kündigte er bei Amtsantritt als Wirtschaftsminister noch mannhaft die Reduzierung der Waffenexporte an, geht er in die Geschichte mit den größten Wachstumsraten im Waffenexport ein. So war es konsequent, dass Gabriel auf die Kanzlerkandidatur und den Parteivorsitz verzichtete und einen anderen für beide Positionen vorschlug. Der neue SPD-Messias Martin Schulz verstand es kurzfristig, einen Keil in die Parteien der Großen Koalition zu treiben und der SPD bei den Umfragen mehr Profil und Zugewinne zu Lasten der kleineren Parteien zu verschaffen. Ob das auf Dauer trägt, muss sich zeigen. Zweifel sind angebracht. Sicher ist, dass Martin Schulz die Erosion der Volkspartei SPD ebenso wenig aufhalten wird, wie dies Angela Merkel auf Unionsseite schaffen wird. Zu weit sind beide ehemaligen Volksparteien vom Volk weg, zu wenig programmatische Leidenschaft zeichnet beide Parteien aus, zu wenig Streitkultur lässt Einblicke auf die inhaltlichen Debatten zu. Beide haben bedeutend weniger Stammwähler als früher, um bei Gegenwind und Sturm als Volksparteien bestehen zu können. Einzelne Erfolgserlebnisse werden den Abwärtstrend bremsen, den Erosionsprozess aber nicht stoppen.

Zuwanderung und Integration als nationale Aufgaben ersten Ranges

Jetzt lasse ich die SPD in Ruhe und rede über meine Partei, wissend, dass der Zustand der SPD keinen Deut besser ist. Die CDU braucht ein neues Grundsatzprogramm, aus dem die Substanz einer christlichen, sozialen, liberalen Volkspartei mit konservativen Elementen erkennbar wird und unverrückbare Grundwerte deutlich werden. Darüber hinaus braucht sie ein Handlungskonzept, aus dem die Menschen erkennen, was die CDU politisch konkret tun und verändern will. Dieses Konzept muss sich von dem unterscheiden, was eine große oder andere Koalition tagespolitisch und häufig auf dem Wege des Kompromisses entscheidet. Menschen gewinnt man nur, wenn sie wissen, für was sie eintreten sollen. Krisenmanagement ohne programmatische Konturen, wohin der Weg führen soll, reicht nicht aus.

Dazu ein Beispiel: Für den Zusammenhalt der Nation ist die Lösung der Flüchtlingsfrage und die Integration der Menschen, die aus fremden Kulturkreisen zu uns gekommen sind und noch kommen werden, von allergrößter Bedeutung. Dies wird auf längere Sicht die wichtigste politische Herausforderung darstellen. Sie ähnelt der Aufnahme von 12 Millionen deutscher Flüchtlinge nach dem Zweiten Weltkrieg in die alte Bundesrepublik Deutschland und dem Prozess der inneren Vereinigung von Ost und West nach der deutschen Wiedervereinigung. Auch das waren nationale Aufgaben ersten Ranges! Dabei stehen wir jetzt vor der Megaaufgabe, Menschen aus anderen Kulturkreisen zu integrieren, eine Aufgabe, die uns offensichtlich überfordert, während in den beiden anderen Fällen Deutsche zu Deutschen kamen, was die Integration natürlich erheblich erleichtert hatte.

60 Millionen Menschen sind in dieser Welt auf der Flucht. Deutschland nahm 2015 fast eine Million Flüchtlinge auf. Die Erstaufnahme wurde dank der vielen ehrenamtlichen Helfer gerade noch bewältigt. Dennoch kann Deutschland Zuwanderer in dieser Größenordnung dauerhaft nicht verkraften. Wie will die CDU den Zuwanderungsdruck auf Dauer mindern? Das Abschieben der Probleme ausgerechnet auf den türkischen Präsidenten Erdogan ersetzt ja wohl kein nationales Konzept zur Bewältigung legaler und illegaler Einwanderungswellen. Bisher gibt es auch kein schlüssiges Konzept für die Integration der Zugewanderten, die zu spät und oft unzureichend in Bildung und Arbeitswelt integriert werden und deshalb frustriert herumlungern und Ärger verbreiten. Der normale Bürger sieht, dass auf diesem Feld vieles brach liegt und schwere Integrationsprobleme von Politikern schön geredet werden.

Die Menschen haben zunehmend Angst vor Attentaten, sie fürchten politischen Extremismus und sie sorgen sich vor Spannungen und Überforderungen durch unkontrollierbare Zuwanderung. Hier schlägt die Stunde der CDU, die ein tragfähiges Konzept entwickeln und als Unionsprogramm dort durchsetzen muss, wo sie Verantwortung trägt.

Die Stunde der Integration hat geschlagen, sie wird aber verschlafen. Als Folge davon fühlen sich die Bürgerinnen und Bürger mit ihren Ängsten und Sorgen nicht ernst genommen und gehen Ausländerfeinden, Antisemiten, Hetzern und Hasspredigern auf den Leim.

Wofür stehen Parteien?

Angela Merkel irrt, wenn sie ständig von der Alternativlosigkeit ihrer Politik redet. Sie hat Recht, wenn sie die CDU neuen Entwicklungen in der Gesellschaft anpasst, sie hätte Unrecht, wenn sie glauben sollte, die Union müsse keinen unverwechselbaren Markenkern mehr haben. Bei Kohl wusste man, es gibt Dinge, die waren mit ihm nicht zu machen. Kennt man solche Punkte von Angela Merkel? Die Menschen müssen wieder deutlicher erkennen, wofür die CDU steht und welches Gesellschaftsmodell sie für die Zukunft entwickeln will. Eine Vision ohne Tagträumerei! Zur inhaltlichen Positionierung müssen Änderungen im Arbeits- und Politikstil von Amts- und Mandatsträgern durchgesetzt werden.

Dazu folgende, ganz praktische Beispiele: Die Bundes- und Landesparteitage der Union sind zu Showveranstaltungen nach amerikanischem Vorbild verkommen. Das Ringen um Inhalte ist unter die Räder gekommen. Die Parteitagsstrategie ist darauf angelegt, streitige Diskussionen von vornherein zu verhindern. Dadurch verlieren diese Großveranstaltungen an Spannung und Gestaltungskraft. Wenn niemand den Mut aufbringt, sich quer zu legen, wenn keiner Spaß an der Klärung strittiger Fragestellungen hat, wird das Ganze vor allem für junge Menschen todlangweilig. Muss man sich da wundern, wenn die Noch-Volksparteien keine Kandidatinnen und Kandidaten für Orts- und Verbandsgemeinderäte mehr finden? Den Vogel schoss jüngst die SPD in der Eifel ab: Per Zeitungsanzeige suchte sie ein SPD-Mitglied oder ein Nichtmitglied, das SPD-Gedankengut in sich trägt, und bereit ist, für die SPD zum Bundestag zu kandidieren. Ich hielt das zunächst für einen Witz, musste mich aber eines Besseren belehren lassen. Das war bittere Wahrheit oder die Bankrotterklärung einer Volkspartei. Normal war früher, dass in einem Wahlkreis Bewerber um ein Bundestagsmandat Schlange standen.

Ich wurde 1968 zum Vorsitzenden der CDU Mainz-Innenstadt gegen Manfred Kolbe gewählt. 1972 wurde ich Bundestagskandidat gegen Dr. Walter Konrad. 1976 setzte ich mich als CDU-Kreisvorsitzender gegen Hans Otto Wilhelm durch und verlor auf der CDU-Landesliste für die Bundestagswahl gegen Jürgen Todenhöfer. Gegenkandidaturen waren damals die Regel, heute sind sie die Ausnahme. Kandidaten werden heute in Hinterzimmern ausgekungelt. Tritt einer gegen den zuvor Auserwählten an, wird das als Kampfkandidatur, ja als Streit gebrandmarkt. Was für ein sonderbares Demokratieverständnis: Als sei Auswahl unter mehreren Kandidaten etwas Unsittliches. Auch so macht man Parteien lahm.

Hier trägt allerdings die Presse Mitverantwortung. Wann immer mehrere Kandidaten für ein Amt oder Mandat am Horizont auftauchen, wird zu schnell von Krach und Krawall in der Partei berichtet. Da Parteien, die zerstritten sind oder so wirken, nicht als attraktiv und wählbar erscheinen, scheuen sie sich, ihren besten Kandidaten offen und öffentlich aus mehreren Möglichkeiten auszuwählen. Dafür werden die Parteitage, bei denen großartige Shows das Ringen um den richtigen Weg und das richtige Personal verdrängt haben, groß abgefeiert. Liebe Presseleute, dreht das Ganze doch einmal um: Lobt Parteien, die Differenzen über Programm und Personen offen austragen und geißelt die Parteien, die jede Konkurrenz unter den Teppich kehren und auf ihren Meetings Eintopf präsentieren. Damit macht ihr euch um eine lebendige statt einer blutarmen Demokratie verdient.

Die CDU hat einmal beschlossen, dass ihre Amts- und Mandatsträger nur drei Ämter oder Mandate pro Person annehmen dürfen. Heute laufen Abgeordnete durch die Gegend, die sitzen von der Orts- bis zur Bundesebene in Dutzenden Partei- und Vereinigungsvorständen, vom Ortsgemeinderat bis zum Bundestag in mehreren Parlamenten und dazu kommen noch zahlreiche Aufsichtsratspöstchen bei Sparkassen,

Stadtwerken, Energiebetrieben usw. Wenn man deren Sitzungspflichtstunden addiert, muss für diese Supersitzungsmenschen der Tag mehr als 24 Stunden haben oder sie müssen ohne Schlaf auskommen. Solche Politiker erschöpfen sich in ihren Sitzungen und sind weit weg von der Bevölkerung. Manche hängen sich ein volkstümliches Mäntelchen um, indem sie im Minutentakt auf jeder Kirmes erscheinen, im Sekundentakt möglichst viele Hände schütteln, jedem vertiefenden Gespräch ausweichen und meinen, das sei Politik. Sie kümmern sich zu wenig ernsthaft um die Bürger und ihre Sorgen, recht oberflächlich um die Probleme unserer Zeit und verwenden viel Leidenschaft darauf, dass neben ihnen kein Konkurrent heranwächst, nach dem Motto „Keine Feier ohne Maier!" Das Ganze wird dann durch Selfies in Facebook oder sonst wo untermauert. Selbstdarstellung ohne jede politische Aussage, ohne jede politische Botschaft. Frei nach dem Motto: „Seht her, wie schön und aktiv ich bin!" Ich weiß, diese Verallgemeinerung trifft manche ungerecht, trifft zu häufig aber leider zu.

Spricht heute eigentlich jemand vom ‚System Merkel'?

Helmut Kohl holte als Landesvorsitzender Quereinsteiger in die Politik, weil er Politik und Partei verbessern wollte. Als Beispiele nenne ich: Heiner Geißler, Bernhard Vogel, Richard von Weizsäcker, Norbert Blüm, Hanna-Renate Laurien und Roman Herzog. Sie alle haben die CDU und die deutsche Politik bereichert. Heute greift man durchweg auf Leute zurück, die sich ihre Anwartschaft ersessen haben und nicht übergangen werden dürfen. So lebt die Partei im eigenen Saft, so werden qualitätsverbessernde Quantensprünge kaum mehr möglich.

Haben nicht solche Funktionsträger die größte politische Überlebenschance, die nicht auffallen? Weder schlecht noch gut? Die CDU muss wieder wilde, umtriebige, mutige und auch freche junge Mitglieder und Kandidaten gewinnen – und sie auch ertragen! Mittelmaß bringt die Welt nicht weiter.

Früher sprach man vom System Kohl. Spricht heute eigentlich jemand vom System Merkel? Mit System Kohl war gemeint, dass nur gilt, was er sagt und dass jeder, der querschießt, sein politisches Aus einleitet. Ich habe unmittelbar erlebt, dass von Weizsäcker, Blüm u.a. gegen den Willen Kohls für die Ostpolitik von Willy Brandt gestimmt haben. Ich selbst habe mit der SPD für die Aufhebung der Verjährung bei Mord, für den Militäreinsatz auf dem Balkan und damit gegen die Meinung Kohls nicht nur gestimmt, sondern auch um Mitstreiter in der CDU/CSU gekämpft.

Kohl haben derartige Aktionen gegen seine und die Unionsmehrheiten gestört, mit Sicherheit auch geärgert, aber er hat sie hingenommen. Unnachgiebig und nachtragend wurde er, wenn alte Kumpels illoyal hinter seinem Rücken und gegen ihn arbeiteten. Ich selbst war zu keinem Zeitpunkt ein Schleppenträger Kohls, blieb allerdings loyal, als Geißler und andere ihn stürzen wollten. Deshalb hat er meine wiederholten Ausbrüche von der Parteilinie in wichtigen Sachthemen akzeptiert.

Das System Merkel funktioniert nach meinem Eindruck effektiver als einstmals das System Kohl. Wer organisiert in der Union schon einen Aufstand gegen Merkels Alternativlosigkeit? Ausschläge wie bei Kohl sehe ich vielleicht einmal auf einem Parteitag, in der Bundestagsfraktion aber kaum. Nicht weil Angela Merkel stärker ist als Kohl es war. Nein, weil die Truppe um Angela Merkel schwächer ist.

Bessere Leute mit mehr Mut und Kampfbereitschaft

Was die SPD durch das Aufkommen der Grünen in den 80er Jahren und der Linken in den 90er Jahren erleiden musste, droht der Union jetzt. Durch die neue Konkurrenz im Mitte-Links-Spektrum sackten die Sozialdemokraten seit den 80er Jahren von einer 40-Prozentpartei auf eine 20-Prozentpartei ab. Sollte der Schulz-Effekt bis zur Bundestagswahl anhalten, könnte dieser Abstieg temporär ausgesetzt werden, gebrochen wird er nicht. Der Union droht das Gleiche im Mitte-Rechts-Spektrum, wenn sie nicht zur überzeugenden Programmpartei mit besserem Personal und mit mehr Mut und Kampfbereitschaft zurückfindet. Es reicht nicht aus, auf die AfD zu schimpfen, sie muss mit Argumenten zurückgedrängt werden. Auch darf sich die Union ihre klassischen Themen nicht von den Rechtsradikalen wegnehmen lassen und schweigen, um nicht in die rechte Ecke gedrängt zu werden. Dann bekämen die Rechten immer mehr Deutungshoheit und die Union würde immer blutleerer. Die Union muss programmatische Pflöcke einschlagen und für ihre Grundüberzeugungen klar und glaubwürdig eintreten. Mehr Klarheit statt Wischiwaschi! Dafür ist es höchste Zeit. Wer mit dem Rückgang der Flüchtlingszahlen auf einen automatischen Rückgang der AfD hofft, macht die Rechnung ohne den Wirt. Jetzt muss Klartext geredet werden, sonst sackt die Union ebenfalls von einer 40%-Partei auf eine 20%-Partei ab.

Politik kann anders. Sie muss anders, sie muss besser werden und sie kann mehr originelle und unabhängige Typen brauchen, die das Blut in Wallung bringen, wenn sie nur den Mund aufmachen. Die Welt ist aus den Fugen geraten, die politischen Probleme werden größer, unübersichtlicher, scheinbar unbeherrschbarer. Mit glattgebügelten Jasagern werden sie nicht gelöst.

Merke:

1. Für eine offene, streitbare Demokratie brauchen wir mehr Mut, mehr Sachleidenschaft, mehr Kampfgeist!

2. Die Vorgaben der Parteiführung ersetzen nie das eigene Denken.

Der Autor

Johannes Gerster wurde 1941 in Mainz als jüngstes von sechs Kindern der Eheleute Gottfried und Elisabeth Gerster, geb. Köllner, geboren. Er studierte Staats- und Rechtswissenschaften an den Universitäten Mainz, Freiburg und Bonn und legte nach dem Referendariat auch die Große juristische Staatsprüfung ab. Anschließend war er als Verwaltungsjurist in der Kreisverwaltung Mainz-Bingen und im Innenministerium von Rheinland-Pfalz, zuletzt als Regierungsdirektor, tätig.

Von 1972 – 1994 gehörte er mit kurzer Unterbrechung (1976/77) dem Deutschen Bundestag an, war dort u.a. innenpolitischer Sprecher und stellvertretender Vorsitzender der CDU/CSU-Bundestagsfraktion. Seine Arbeitsschwerpunkte lagen auf dem Gebieten der Innen- und der Haushaltspolitik sowie im Auf- und Ausbau der deutsch-israelischen Beziehungen.

Von 1993 – 1997 war er CDU-Landesvorsitzender von Rheinland-Pfalz, Spitzenkandidat bei der Landtagswahl 1996 und Fraktionsvorsitzender im Landtag.

Von 1997 – 2006 arbeitete er in Jerusalem in Diensten der Konrad-Adenauer-Stiftung vor allem für einen Ausgleich zwischen Israelis und Palästinensern.

Er ist u. a. Träger des Großen Bundesverdienstkreuzes mit Stern, des Ehrenringes der Stadt Mainz, Ehrendoktor der Ben-Gurion-Universität, Freund der Stadt Jerusalem.

Personenregister